아름다운 우리

향토음식

정재홍 · 김태순 · 김형렬 · 박인수 · 유진현 · 이진택 · 최덕주 공저

서울 · 경기도 · 강원도 · 경상도 · 충청도 · 전라도 · 제주도 · 황해도 · 평안도 · 함경도

각 지방의 아름다운 우리음식

형설출판사
www.hyungseul.co.kr

COUNTRY FOOD

머리말

한 민족의 식생활 문화는 그 민족이 거주했던 곳의 기후와 풍토, 정치, 경제, 사회, 문화적 배경에 따라 형성되고 발전되어 왔습니다.

우리나라는 사계절의 변화가 뚜렷하고 각 지방마다 지형이나 산물도 달라 더욱 다양한 음식문화를 갖게 되었습니다. 예전에는 중앙 집권적 체제 하에서 각 지방마다 특색 있는 향토음식이 잘 보존되어 왔으나 지금은 교통수단의 발달로 전국이 일일 생활권이 되고 정보화의 눈부신 발전과 폭넓은 지식의 공유화로 향토음식은 사실 그 의미가 퇴색해졌습니다. 그러다가 지방자치정부의 노력으로 지방마다의 음식축제와 그 지방의 산물을 이용한 새로운 향토음식을 개발하였으며 나아가 관광자원과 소득창출을 연계시켜 지역경제의 활성화에 이바지 할 수 있게 되었습니다.

이 책은 우리나라를 서울을 비롯한 10개 지역으로 나누어 각 지방 마다의 지역적 특징과 대표적인 향토음식, 미처 사진으로는 상세히 소개하지 못한 각 지방의 별미음식을 소개하였습니다. 특히 대표적인 향토음식은 그 재료와 분량, 만드는 법과 각각의 음식에 대한 특징을 덧붙여 설명하였습니다.

북한 지역은 현재 행정구역이 강원도, 황해남 · 북도, 평안남 · 북도, 자강도, 양강도 등 7개 도로 나뉘어 있으나 이 책에서는 황해도, 평안도, 함경도로만 구분하였습니다. 머지않은 장래에 남북 간의 교류가 활발하여 북한을 자유로이 왕래할 수 있어서 북한 지역의 음식들을 맘껏 먹어볼 수 있기를 희망합니다.

끝으로 이 책의 출간을 위하여 물심양면으로 도와주신 형설출판사의 장지익 회장님과 사진촬영에 남다른 애정을 갖고 수고해주신 배병석, 윤태준 선생님, 구하기 힘든 재료를 신속하게 공수해 주신 제주의 오운자 감수광 대표, 한결같은 이해와 격려를 아끼지 않은 사랑하는 가족들, 무엇보다도 좋으신 하나님께 감사드립니다.

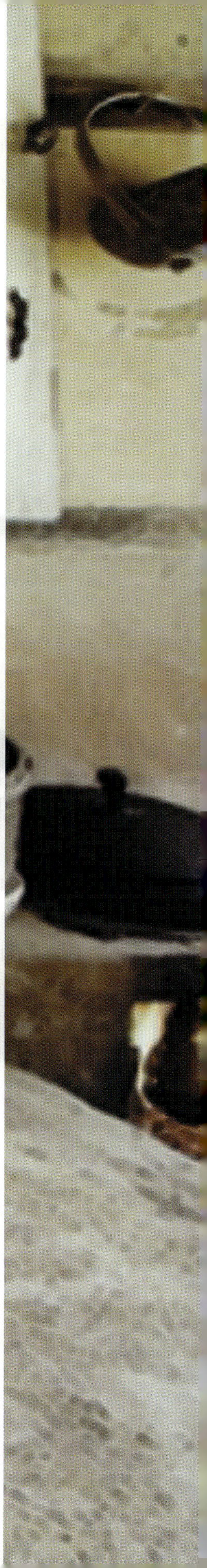

아름다운 우리 향토음식

CONTENTS

서울

격식이 까다롭고 맵시를 중요시하는 서울음식

경기도

소박하고 수수하며 구수하게 만드는 경기도음식

육류나 젓갈을 적게 사용하여 소박하고 담백한 강원도음식

강원도

양념을 많이 쓰지 않아 담백한 충청도음식

충청도

경상도

투박하지만 칼칼하고 감칠맛이 있는 경상도음식

다양한 젓갈을 이용하여 감칠맛 강한 전라도음식 전라도

제주도 소박한 자연의 맛을 그대로 살리는 제주도음식

짜고 맵지 않으며, 큼직하고 푸짐한 황해도음식

황해도

겨울철의 기름진 육류음식이 발달한 평안도음식

평안도

함경도

양념을 많이 사용하여 진한 맛을 즐기는 함경도음식

아름다운 우리 향토음식

한 민족의 식생활 문화는 그 민족이 거주했던 곳의 기후와 풍토, 정치, 경제, 사회, 문화, 종교적 배경에 따라 형성되고 발전되어 왔다. 그러므로 한 민족이 어떤 음식을 어떻게 먹는가 하는 것은 그 민족의 문화를 특징짓는 핵심이 되며 그 나라의 문화를 이해할 수 있는 가장 중추적인 역할을 한다.

1 우리나라의 지형적 위치

우리나라는 지리적으로 북위 33~43°, 동경 124~132°, 남북으로 950km에 걸쳐 길게 뻗어 있으며 전체 면적은 약 22만㎢인 반도국가로서 온대지역에 위치하고 있다.

서쪽은 황해를 사이에 두고 북쪽은 압록강 · 두만강으로 중국대륙과 경계를 이루어 교류가 활발하였고, 남쪽으로는 대마도를 건너 일본과 접하고 있다. 따라서 동서남북의 지리적인 요인과 기후 조건이 지역적인 차이가 있고, 일년 사계절의 구분이 뚜렷하다. 이로 인해 지역별, 계절별 산물이 각각 특색을 가지고 다양하게 생산되었고, 식생활 문화 형성에 큰 영향을 주었다. 따라서 이러한 특성을 살린 음식들이 고루 잘 발달되어 왔다. 또한 각 영토의 경계가 역사적인 시대 변천에 따라 달라졌고, 왕조에 따라 지역적으로 다르게 나누어져 각 고장마다 문화와 사람들의 성품도 뚜렷하게 다르다.

2 향토음식의 특성

우리나라 식생활 문화는 13세기 이전까지는 북쪽의 국가, 16세기말 임진왜란을 계기로 남쪽의 국가, 19세기에는 서양 여러 나라의 영향을 받으면서 변화와 발달을 이루어 왔다. 곡물농사에 적합한 기후와 풍토 속에서 공동체를 이루는 생활을 하였던 삼국시대 후기부터 밥을 주식으로 반찬을 먹는 식생활 형태를 형성하였고, 채소를 소금에 절여먹는 김치가 있었다.

통일신라시대에는 국가적으로 불교를 숭배하는 정책으로 인해 식생활에서 육식은 쇠퇴하고 채소음식과 차茶가 발달하였다.

고려시대에는 북쪽의 여러 국가(송 · 여진 · 몽고)와의 교역이 활발하여 소금 · 후추 · 설탕 등이 우리나라에 들어왔고, 우리의 상추쌈과 약과는 원나라에 전해졌다.

조선시대에는 유교문화가 정착되면서 효를 근본으로 조상을 중요시하고 가부장제도에 따른 식생활을 중요시 하였다. 현재와 같은 한국의 전통 식생활은 조선시대에 체계가 확립되었다. 또한 외국과의 교역을 통해 옥수수 · 땅콩 · 호박 · 토마토 · 고구마 · 감자 · 고추 등이 유입되었다. 조선시대에는 각 지방의 향교를 중심으로 유림문화가 형성되어 성행하였고 농법이 발달되면서 농촌사회의

부농층이 형성되어 향토문화가 이루어졌으며 이러한 사회적 환경으로 인하여 각 지방의 특색 있는 고유한 향토음식이 발달되었다.

조선시대 행정조직은 전국을 팔도로 나누어 북부지방은 황해도, 평안도, 함경도, 중부지방은 강원도, 경기도, 충청도, 남부지방은 전라도와 경상도로 나뉘었다. 이렇게 분류된 우리나라는 남북으로 길고 동서로는 좁은 지형으로 남북간 기후의 차이가 크고, 북쪽지방은 주로 산악지대, 남쪽지방은 평야지대가 많아 각각의 자연 조건에 따라 생산되는 산물의 특성에 맞게 독특하고 소박한 향토음식문화가 형성되었다.

지형적인 각 도별 음식의 특징은 그 지역에서 생산되는 특산물로 그 지역에서만 전해 내려오는 고유한 조리법으로 토속음식을 만들었다. 지금은 인적 · 물적 교류가 많아지면서 음식의 차이가 적어졌지만, 아직도 각 도마다 특색있는 향토음식이 전승되고 있다.

벼농사를 주로 하는 중부와 남부의 내륙지방은 쌀밥과 보리밥, 절인 생선이나 말린 생선, 해안이나 도서지방은 신선한 생선 · 조개류 · 해조류, 북부지방은 잡곡을 이용한 음식이 많다. 지방마다의 특색있는 음식의 맛은 기후와 관계가 깊다. 기온이 낮은 북부지방은 간이 싱겁고 매운맛이 덜하며, 젓갈을 많이 쓰지 않아 맛이 담백하고, 음식의 종류는 적지만 크기가 크고 양은 푸짐하다. 남쪽으로 갈수록 기온이 높아져 음식의 간과 매운맛이 강하고, 고추와 젓갈을 많이 쓰는 경향이 나타난다. 따라서 봄철의 장 담그기, 초여름의 젓갈 담그기, 초가을의 나물 말리기, 장아찌 담그기, 초겨울의 김장 담그기, 메주 쑤기 등의 연중 행사는 바로 계절의 변화와 뚜렷한 환경 아래에서 이루어진 것이다.

우리나라는 조선시대의 화려했던 궁중음식이 있었고 이는 기품있는 반가의 음식과 교류되었다. 그 중에서도 왕조의 도읍지였던 서울 · 개성 · 평양 · 전주의 음식이 가장 다양하고 화려하다. 또한 각 지방의 향교나 서원을 중심으로 한 유림문화가 발전하였다. 당대의 명문가나 뿌리를 내리고 있는 종가가 있는 지방에서는 오늘날까지도 조선조의 유교적, 토속적인 민속이 비교적 많이 남아 있음을 볼 수 있다.

서울

지역적 특징

서울은 500년 이상 조선시대의 도읍지였기 때문에 아직도 서울 음식에는 조선시대 음식의 특징이 남아 있다. 서울지역에서 직접 생산되는 산물은 별로 없으나 서울이 오랫동안 나라의 중심도시였기 때문에 전국 각지에서 생산된 각종 산물들이 집결되었다. 따라서 다양하고 화려한 음식을 만들었다. 양념은 곱게 다져서 쓰고 짜지도 맵지도 않은 중간 정도의 간을 하여 그 맛은 담백한 편이었다. 말린 생선자반이나 장아찌 등 밑반찬의 종류 또한 많은 편이다. 서울은 반가와 중인中人요리가 그 전통을 이어가면서 향토음식으로 정착되었다. 왕족과 양반이 많이 살던 지역이어서 격식이 까다롭고 맵시를 중요시하는 음식이 많다. 외국 사신들의 왕래도 빈번하여 화려한 멋과 의례를 중시하는 풍이 음식에 나타나 있다. 따라서 음식은 크기가 작고 모양을 예쁘게 하여 멋을 내고, 양은 적고 가짓수를 많이 하는 특징이 있다. 떡도 모양에 기교를 부려 한 입에 먹을 수 있는 크기로 작고 앙증맞게 빚었으며 손이 많이 가고 정성을 담아 멋을 많이 내었다. 서울음식은 조선시대의 궁중음식과 비슷한 것이 많이 있으며 반가음식도 매우 다양하다.

SEOUL

대표적인 서울음식

주식류 장국밥, 국수장국, 메밀만두, 생치만두, 떡국, 편수, 규아상, 비빔국수, 잣죽, 대추죽, 흑임자죽

찬　류 신선로, 꼬리곰탕, 애탕, 설렁탕, 임자수탕, 초교탕, 어글탕, 각색전골, 육개장, 선지국, 청진동해장국, 두부추탕, 각색전, 화양적, 갑회, 탕평채, 너비아니, 닭찜, 떡찜, 갈비찜, 도미찜, 잡채, 겨자채, 어채, 구절판, 오이선, 홍합초

김치류 통배추김치, 백김치, 나박김치, 장김치, 숙깍두기, 감동젓무, 오이소박이, 섞박지

병과류 송편, 두텁떡, 화전, 약식, 느티떡, 매작과, 약과, 각색 다식, 각색 엿강정, 각색 정과, 율란, 조란, 생강란

음청류 식혜, 오미자화채, 보리수단, 원소병, 배숙, 오미자화채, 한방차류

주　류 문배주, 송절주, 태릉삼해주

서울의 별미음식

- 생치만두　삶아 다진 꿩고기로 소를 싸서 메밀가루에 묻힌 뒤 끓는 육수에 삶아낸 만두의 일종이다.
- 신선로　궁중음식의 진수로 열구자탕悅口子湯이라고 하며 영양적 · 시각적으로도 으뜸으로 꼽는 일종의 전골이다.
- 임자수탕　삶아 찢은 닭고기와 고명을 고루 얹고 곱게 갈아 체에 거른 깻국을 부어 먹는 복날 음식이다.
- 초교탕　삶아 찢은 닭고기와 도라지, 표고버섯, 미나리 등을 합하여 밀가루와 달걀을 풀어 섞은 뒤 한 수저씩 끓는 장국에 떠 넣어 익히는 궁중음식이다.
- 어글탕　북어껍질에 소를 넣고 달걀옷을 입혀 지져낸 다음 끓는 육수에 넣어 끓이는 궁중음식이다.
- 어채　생선에 녹말옷을 입혀 데쳐서 다른 오방색 채소와 함께 차게 먹는 일종의 생선 숙회이다.
- 장김치　배추와 무를 간장으로 절이고 갖은 양념과 배, 밤, 잣, 석이와 표고버섯 등을 넣어 간장으로 간을 맞춘 호화로운 궁중의 물김치이다.
- 율란 · 조란 · 강란　밤과 대추, 생강을 곱게 다진 후 각각 꿀로 조린 다음 다시 제 모양대로 빚어 만든 숙실과로 궁중의 후식이다.
- 원소병　소를 넣고 익힌 찹쌀 경단을 꿀물에 띄워내는 음료이며, 중국에서는 정월 보름에 먹던 절식이다.

경기도

지역적 특징

경기도는 한반도의 중심부에 위치한 지역으로 서해안 지방은 해산물, 산간지방은 산나물이 풍부하고, 경기 · 김포 · 평택평야 등은 토질이 비옥하여 질 좋은 밭작물과 벼농사도 활발하여 여러가지 농산물을 고루 생산하는 지역이다. 산물로는 쌀, 보리, 콩, 땅콩, 옥수수, 산나물, 들나물, 재배채소 등의 농산물과 과일로는 배, 복숭아, 포도 등이 많이 생산된다. 특목작물로는 화초, 약초, 담배, 인삼, 왕골 등이 있으며 수산물로는 조기, 갈치, 가자미, 꽃게, 병어, 새우, 홍합, 바지락 등이 있다.

강원도, 충청도, 황해도와 접해 있어서 그 지방 음식들과 공통점이 많고 음식 이름도 비슷한 것이 많다. 개성을 제외하고는 경기도 음식은 대체적으로 소박하고 수수하며 양이 많은 편으로, 간은 중간 정도이고 양념을 많이 쓰지 않는다. 농촌에서는 호박, 강냉이, 밀가루, 팥 등을 섞어서 범벅이나 풀떼기, 수제비 등을 구수하게 잘 만든다. 주식은 오곡밥과 찰밥을 즐기고 맑은 장국국수보다는 제물에 끓인 칼국수나 메밀칼싹두기와 같은 국물이 걸쭉하고 구수한 음식이 많다. 고려시대의 중심도시였던 개성의 음식은 서울음식, 전주음식과 더불어 우리나라에서 가장 화려하고 다양하여 그 호화로움과 사치스러움은 궁중요리에 비길 만하다. 따라서 음식을 만들 때 여러가지 재료를 사용하고 정성을 많이 들인다.

대표적인 경기도음식

주식류 팥밥, 오곡밥, 팥죽, 뱅어죽, 개성편수, 조랭이떡국, 제물칼국수, 칼싹두기, 냉콩국수

찬 류 삼계탕, 곰탕, 갈비탕, 개성닭젓국, 냉이토장국, 민어탕, 감동젓찌개, 개성종갈비찜, 수원왕갈비, 홍해쌈, 미꾸라지털래기, 누치찜, 호박선, 백암순대, 두릅회, 메밀묵무침, 올방개묵무침, 쭈꾸미조림, 장떡, 빈대떡

김치류 개성보쌈김치, 비늘김치, 꿩김치, 순무김치, 순무섞박지, 용인외지, 게걸무김치

병과류 개성경단, 개성주악, 증편, 근대떡, 개떡, 수수부꾸미, 수수도가니, 쑥구리단자, 여주산병, 석탄병, 개성모약과, 인삼정과, 송화다식

음청류 모과청화채, 오미자화채, 배화채, 호박식혜

주 류 하향주, 화성부의주, 광주산성소주, 이동막걸리, 군포당정옥로주, 인천칠선주, 동동주

경기도의 별미음식

- **칼싹두기** 메밀가루를 익반죽하여 조금 두껍게 밀어 5cm 너비로 썰고 쇠고기 장국에 넣어 끓인 것으로 일명 칼제비라고도 한다.
- **올방개묵무침** 어느 논에서나 쉽게 볼 수 있는 여러해살이 방동산이과인 올방개 덩이줄기(오우烏芋)의 녹말로 쑨 묵이다. 메밀묵보다 훨씬 쫄깃쫄깃하며 색도 연한 편이다.
- **게걸무김치** 경기도 이천에서 생산되는 무인 게걸무를 소금에 절여 만든 무김치이다.
- **개떡** 곡식가루와 쑥 등을 반죽하여 찌거나 구워 만든 구황음식의 하나이다. 메밀가루를 꿀물에 섞어 죽을 쑤어 뭉근한 장작불 재 속에 떨어뜨려 자연히 그슬려 구워진 것을 재를 털고 꿀을 찍어 먹는다.
- **수수도가니** 햇곡식 중 제일 먼저 여무는 햇수수로 만드는 찐 떡의 일종으로 햇수수의 고운 가루를 익반죽하여 시루에 풋콩과 수수 반죽을 번갈아 안쳐서 찐 떡이다.
- **석탄병** 멥쌀가루와 감가루를 반반 섞고 설탕물을 넣어 체에 내린 떡가루에 잣가루, 생강, 녹말, 계피가루, 대추, 밤 등을 섞고 녹두고물을 얹은 후, 다시 가루를 넣고 고물을 얹어 켜를 놓아 찐 떡으로 삼키기 아깝다 하여 석탄(惜呑)이란 이름을 붙였다.
- **여주산병** 흰떡을 얇게 밀어 거피팥고물을 소로 넣고 껍질을 맞덮어 큰 보시기와 작은 보시기로 각각 찍어 크게 접은 떡을 구부리고, 그 안에다 작게 접은 떡을 구부려 넣고 네 끝을 한데 모아 붙여 돌잔치 등 편의 웃기로 쓰인다.
- **개성모약과** 밀가루에 참기름을 넣어 고르게 비빈 것에 생강즙, 꿀, 술을 넣어 손가락으로 버무려 뭉친 다음 방망이로 밀어 반대기를 지어서 4cm 정도의 사각형으로 썰어 기름에 튀겨서 집청꿀에 넣었다가 잣가루를 뿌린 것으로 네모난 모양의 약과라는 뜻이다.

강원도

지역적 특징

강원도는 우리나라의 동쪽에 위치한 지역으로 태백산맥이 북에서 남으로 흐르고 있어 그 분수령을 기점으로 동쪽으로 해안지방의 영동 또는 관동, 서쪽은 내륙지방의 영서로 나뉘고 영동과 영서지방은 대관령, 진부령, 한계령의 고개를 통하여 서로 연결된다. 강원도 전체의 약 80%가 산지이고 금강산, 설악산, 오대산, 태백산 등의 명산들을 비롯하여 동해바다와 산간을 굽이쳐 흐르는 맑고 깨끗한 하천을 바탕으로 명승 유적지, 자연 보호지역, 여러 종류의 동식물 들이 분포하고 있다. 일반적으로 지대가 높기 때문에 같은 위도상의 경기도 지역에 비하여 약간 한랭한 편으로 영동과 영서 지방간에는 기후의 특색이 뚜렷이 구별되는데 영동지방에 비해 영서지방의 기온교차가 더 크다. 대체적인 지형은 동쪽이 높고 서쪽이 낮아 완만한 경사를 이루고 있다. 지역에 따라 기후와 지세가 서로 다르기 때문에 식생활에도 차이가 있으며 영동지방과 영서지방에서 나는 산물이 크게 다르고 산악지방과 해안지방도 크게 다르다. 영동해안지방은 생태 · 오징어 · 해조류 · 산나물 등을 이용한 음식이 많고 영서지방은 깊은 산이 많으므로 옥수수 · 감자 · 메밀 · 콩 등의 밭작물이 많이 나고 이들을 이용한 음식이 발달되었다. 음식은 육류나 젓갈을 적게 쓰고 멸치나 조개를 넣어 음식의 맛을 내기 때문에 맛이 극히 소박하고 담백하다. 옛날에는 구황식품에 속하였지만 현재는 별미 건강식품으로 사랑받는 감자, 찰옥수수, 메밀 등으로 만든 음식들이 많다.

대표적인 강원도음식

주식류 강냉이밥, 감자밥, 곤드레나물밥, 차수수밥, 메밀막국수, 팥국수, 콧등치기국수, 메밀만두, 감자수제비, 강냉이범벅, 어죽, 방풍죽, 감자범벅, 올챙이국수, 감자옹심이

찬 류 삼숙이탕, 쏘가리탕, 감자전골, 동태순대, 황태구이, 오징어구이, 미역쌈, 취쌈, 올챙이묵, 도토리묵, 메밀묵, 메밀무침, 명란젓, 창란젓, 오징어회, 송이볶음, 감자부침, 오징어순대, 취나물무침, 석이나물, 송이구이, 더덕생채, 더덕구이, 산초장아찌, 다시마튀각, 참죽자반

김치류 창란젓깍두기, 오징어무말랭이김치, 북어식해, 서거리김치, 해물김치, 동치미

병과류 감자송편, 총떡, 방울증편, 무소송편, 찰옥수수시루떡, 구름떡, 약과, 감자붕생이, 송화다식, 옥수수엿, 강릉산자, 평창옥수수엿

음청류 당귀차, 강냉이차, 착면, 연엽식혜, 오미자화채, 앵두화채, 잡곡미수, 수정과

주 류 평창감자술, 원주엿술, 송설주, 옥선주, 금향주

강원도의 별미음식

- **곤드레나물밥** 정선지방의 사투리인 말린 곤드레(고려엉겅퀴)를 섞어 지은 밥으로 향이 너무 강해 곤드레만드레 취한다고 해서 붙여진 이름이다.
- **방풍죽** 멥쌀로 죽을 쑤다가 반쯤 끓었을 때, 방풍의 어린 잎을 섞어 쑨 죽이다. 방풍은 미나리과에 속하는 3년초이며 방풍죽은 강원도 지방 사찰음식의 하나로 자리잡았다.
- **콧등치기국수** 정선장 좌판에서 파는 메밀로 만든 칼국수로 후루룩 들이키면 국수가 콧등에 턱 들러붙는다 해서 붙여진 이름이다.
- **감자옹심이** 감자건더기와 감자전분을 합쳐서 반죽하여 만든 새알심을 넣고 끓인 일종의 수제비로 옹심이는 강원도 정선과 영월지방의 새알심의 사투리이다.
- **삼숙이탕** 매운 고추장과 된장을 풀어 국물에 파, 마늘, 생강 등 여러 가지 양념을 넣고 끓이는 생선 매운탕으로서, 시원하면서도 구수한 맛이 좋다. 다 끓은 뒤에 미나리와 쑥갓을 넣는다. 삼숙이는 강원도 강릉과 속초 주문진에서만 잡히는 생선으로 삼숙이의 표준어는 삼세기인데, 강원도에서는 삼숙이, 전라도에서는 삼식이라 불린다. 예전에는 껍질이 매끄럽지 않고 못생겨서 그물에 걸리면 재수 없다고 버리던 생선이었다.
- **서거리김치** 무를 납작납작하게 썰어 소금에 절였다가 명태의 아가미젓인 서거리젓과 함께 버무린 무김치이다.
- **착면** 일명 창면, 책면이라고도 하며 녹두녹말을 물에 풀어 익혀 만든 얇은 면을 오미자물에 띄워 마시는 우리나라의 전통음료이다.
- **감자붕생이** 감자전분이나 밀가루를 반죽하여 수제비처럼 뜯어서 감자와 함께 쪄낸 영월지방의 주식대용 음식이다.

충청도

지역적 특징

충청도는 선사시대부터 사람들이 정착했던 땅으로 마한의 중심지이며 백제에 속한 지역으로 찬란한 백제문화의 꽃을 피웠던 지역이다. 또한, 예로부터 영남과 호남으로 통하는 삼남의 관문으로 우리나라 교통의 요지이다. 바다에 전혀 접하지 않은 북도와 서해에 면하고 있는 남도와 비교해 볼 때 그 지역적 여건이 다른 점이 많으나 일반 생업은 농업이다.

충북은 우리나라에서 바다에 접하지 않은 유일한 내륙지방이어서 수산물은 찾아보기 힘드나 대신 산속을 흐르는 냇물이 많아 민물새우, 민물장어, 메기, 올갱이, 쏘가리, 공어 등이 명산물이다. 산간지방에는 산채와 버섯들이 많이 있어 죽, 국수, 수제비, 범벅 등을 많이 만들고 된장을 주로 사용하고 겨울에는 청국장으로 찌개를 즐겨 끓인다. 주식이나 부식으로 늙은 호박을 많이 쓴다.

충남은 기후가 온화하고 강우량도 적당하여 금강을 중심으로 펼쳐진 기름진 논산평야를 접하고 있으며 쌀, 보리, 고구마, 무, 배추, 목화, 모시 등의 산물이 많다. 충남의 서쪽인 서해에는 좋은 어장이 있어 굴, 새우, 숭어, 갈치, 가오리, 조기, 꽃게 등의 해산물이 풍부하여 국물을 내는데 고기보다는 닭과 소합, 굴, 조갯살 등으로 맛을 내어 날떡국이나 칼국수를 끓인다. 특히 간월도의 어리굴젓과 광천의 새우젓은 향토산물로 유명하다.

충청도 음식은 꾸밈이 없고 양념도 많이 쓰지 않아 자연 그대로의 맛을 살려 담백하고 구수하며, 소박한 음식이 많고 충청도 사람들의 인심을 반영하듯 음식의 양이 푸짐한 편이다.

대표적인 충청도음식

주식류 보리밥, 산채비빔밥, 굴밥, 찰밥, 공주장국밥, 칼국수, 날떡국, 청포묵국, 호박범벅, 호박풀대죽, 금산어죽

찬　류 굴냉국, 다슬기국(올갱이국), 넙치아욱국, 충주내장탕, 청포묵국, 시래기국, 용봉탕, 호박지찌개, 청국장찌개, 메기양념찜, 도리뱅뱅이, 무왁저지, 장떡, 말린도토리묵볶음, 호박고지적, 오이지, 웅어회, 홍어어시욱, 참죽나물, 호도장아찌, 제육고추장구이, 청포묵, 박속낙지탕, 닭사리, 병천순대

김치류 굴깍두기, 가지김치, 쪽파김치, 총각김치, 섞박지

젓갈류 어리굴젓, 새우젓, 조개젓, 소라젓

병과류 쇠머리떡, 햇보리떡, 해장떡, 곤떡, 증편, 도토리떡, 무릇곰

음청류 찹쌀미수, 복숭아화채, 호박꿀단지

주　류 중원청명주, 한산소곡주, 금산인삼백주, 아산연엽주, 면천두견주, 계룡백일주, 보은송로주, 청원신선주

충청도의 별미음식

- **도리뱅뱅이** 피라미나 빙어를 기름에 바싹 튀긴 후 한 방향으로 동그랗게 돌려 담고 양념고추장을 끼얹어 조린 요리로 제천 의림지와 대청댐 주변의 새로운 향토음식으로 정착되었다.
- **박속낙지탕** 옛부터 쌀이 귀하여 쌀 대신 낙지를 삶아 먹고 허기를 채웠는데 마침 이 때가 박이 나는 철이라 박속을 탕에 넣어서 시원한 맛과 아울러 배고픔도 해결할 수 있었던 음식이다.
- **닭사리** 전골냄비에 닭고기와 칡국수, 채소를 넣고 끓여 먹는 충주지방의 탕류 음식이다.
- **무왁저지** 무를 굵게 썰어서 삶은 국물에 조미한 쇠고기, 표고, 석이, 생강, 무 등을 넣고 간을 맞추어 조린 것이다.
- **곤떡** 찹쌀가루를 반죽하여 화전모양으로 둥글게 빚어 지초를 우려낸 붉은 기름으로 지져낸 떡이다.
- **무릇곰** 무릇에 향채를 섞어 엿기름물로 장시간 고은 것이다. 두꺼운 솥에 송기, 쑥을 넣고 둥글레의 뿌리를 얹어 엿기름물에 생강즙을 섞은 것을 부어서 뭉근한 불에 3일간 고은 음식으로 구황식의 하나이며, 여름철의 건위제이기도 하다.

경상도

지역적 특징

경상도는 기원전 진한과 변한의 일부 지방이 자리를 잡았던 곳으로 신비의 가야문화, 천년 왕조의 찬란한 신라의 불교문화, 선비정신의 유교문화 등이 조화를 이루고 있는 민족문화의 본산지이다. 경상북도는 태백산맥과 소백산맥의 지맥, 그리고 낙동강과 그 지류들에 의해 크고 작은 분지와 평야가 많이 형성되었다. 이러한 지리적 영향과 교통의 불편함으로 외래문화의 유입이 타 지역에 비해 늦은 편이나 지방이나 종가의 고유의 문화는 잘 보존될 수 있었다.

우리나라의 동남부인 경상도는 고려때 이 지방의 대표적 고을인 경주와 상주 두 지방의 머리글자를 합하여 만든 것으로 남해와 동해에 좋은 어장을 접하고 있어 해산물이 풍부하고, 경상남 · 북도를 가로질러 흐르는 낙동강 유역의 분지와 평야에서 각종 산물이 생산된다. 이곳에서는 고기라고 하면 바닷고기를 가리킬 만큼 생선을 많이 먹으며, 지역의 해산물 · 담수어 또는 콩을 이용한 음식이 많다. 곡물음식 중에는 국수를 즐기는데, 밀가루에 날콩가루를 섞어서 만든 국수를 멸치나 조개 국물에 끓인 제물칼국수를 제일로 친다. 음식은 전라도와 더불어 얼얼하도록 맵고 간은 센 편으로 투박하지만 칼칼하고 감칠맛이 있다. 경상도 음식은 멋을 내거나 사치스럽지 않고, 소담하게 만들지만 방아잎과 산초를 넣어 독특한 향을 즐기기도 하며 싱싱한 바닷고기는 회 뿐만 아니라 소금 간을 하여 구이, 찜, 국을 끓이기도 한다.

대표적인 경상도음식

주식류 진주비빔밥, 통영비빔밥, 충무김밥, 거제멍게젓비빔밥, 안동헛제삿밥, 무밥, 굴떡국, 대구따로국밥, 갱식, 미역죽, 닭칼국수, 칼국수, 조개국수, 안동건진국수

찬 류 대구탕, 재첩국, 통영도다리쑥국, 통영시락국, 콩가루배추국, 미역홍합국, 대구육개장, 언양불고기, 구룡포과메기회, 부산겨자잡채, 홍합초, 돔배기산적, 각색산적, 통영아나고구이, 미더덕찜, 마산아구찜, 은어찜, 동래해물파전, 고추부각, 배추전, 수란채, 재첩회

김치류 우엉김치, 골곰짠지, 깻잎김치, 콩잎김치, 부추김치

병과류 모시잎송편, 쑥굴레, 만경떡, 칡떡, 진주유과, 대추징조, 우엉정과, 다시마정과, 경주황남빵, 울릉도호박엿

음청류 단술(감주), 찹쌀식혜, 안동식혜, 잡곡미수

주 류 향온주, 안동소주, 경주교동법주, 함양국화주, 부산산성막걸리, 김천과하주, 안동송화주, 안동소주, 문경호산춘

경상도의 별미음식

- **갱식** 경북의 서북부지방에서 상가집의 속풀이 음식이었으며, 어려웠던 시절 추운 겨울에 끓여 먹던 죽으로 갱시기, 갱죽이라고 한다. 멸치 장국에 찬밥과 송송 썬 김치, 콩나물을 넣고 끓인 즉석에서 먹을 수 있는 간편하면서도 추억어린 음식이다.
- **안동헛제사밥** 제사음식처럼 고춧가루나 마늘을 쓰지 않고 각종 나물을 올려 집간장과 깨소금을 넣어 비벼먹는 비빔밥이다. 이때 간고등어구이나 돔배기산적을 곁들이며 제사의례를 매우 중요시 여겼던 유교문화의 본고장 안동의 향토음식이다.
- **수란채** 수란과 삶은 전복, 문어, 미나리, 대파를 담고 석이버섯과 실고추를 고명으로 얹어 새콤달콤하게 간을 한 잣국물을 부어 내는 요리이다. 경주 최부잣집에서 즐겨 먹던 것이라 하여 경주채라고도 한다.
- **대추징조** 대추를 부드럽게 쪄서 조청에 조린 다음 볶은 참깨에 굴려 옷을 입힌 후식으로 제상 등 귀한 상에 빠지지 않고 올렸다.
- **만경떡** 찹쌀가루에 밤, 씨를 뺀 대추, 삶은 콩, 삶은 팥 등을 버무려서 시루에 찐 떡이다.

전라도

지역적 특징

한반도의 서남쪽에 자리 잡은 전라도는 이 지역의 대표적인 고을인 전주와 나주의 이름을 빌어 만든 합성어인 만큼 호남평야의 풍부한 곡식과 여러가지 해산물 · 채소 등 재료가 풍부하여, 다른 지방보다 음식의 종류가 많고 음식에 많은 정성을 들여 화려하고 다양한 음식을 만든다. 전라도의 지형은 동고서저와 북고남저의 계단식을 이루고 있어서 노령산맥과 소백산맥 사이에 있는 고원과 분지에서 인삼, 고추를 비롯한 밭작물과 고랭지 채소가 산출되고 산수유, 오미자, 당귀 등의 약초와 원추리, 고사리 등의 산나물과 버섯류가 다양하게 생산된다. 전라북도는 국내 유수의 곡창지대로 만경강과 동진강 유역에 펼쳐지는 호남평야는 백제시대에 이미 벽골제가 구축되었을 정도로 옛부터 국가적으로 중요시 되어왔다. 전라남도는 바다를 접하고 있어 풍부한 수산물을 얻을 수 있으며 해초, 미역, 김 등의 해조류가 양식되며 생강, 감, 유자 등의 특산물이 있다. 전라도지방은 전주와 광주를 중심으로 음식문화가 발달하였으며, 음식의 사치스럽기가 서울, 개성지방과 함께 손꼽힌다. 또한 지역적 특성에 의해 먹거리가 풍부하며 예로부터 고을마다 부유한 토반들이 살면서 집안 대대로 전수되는 맛으로 소문이 나 있어 다른 지방이 따를 수 없는 풍류와 맛의 전통을 지니고 있다. 특히 전주는 조선왕조 전주 이씨李氏의 본관이고 특히 사골 고은 물로 지은 밥에 육회, 청포묵, 콩나물을 비롯한 여러가지 채소를 얹고 지장수로 기른 콩나물국과 함께 내는 전주비빔밥은 세계적으로 유명하다. 반찬 가짓수가 많은 상차림이 유명하고, 기후가 따뜻하여 다양한 젓갈을 이용하여 감칠맛이 강하며 간이 매우 세고 고춧가루를 많이 사용한다. 이 지방의 김치는 젓갈과 고춧가루를 많이 사용하여 짜고 매우며 국물 없는 김치들을 주로 담근다.

대표적인 전라도음식

주식류 전주비빔밥, 담양대통밥, 콩나물국밥, 깨죽, 팥죽, 합자죽, 대합죽, 피문어죽, 남매죽, 대합조개만두, 파만두

찬 류 남원추어탕, 용봉탕, 천어탕, 죽순탕, 갈낙탕, 낙지연포탕, 선지국, 꽃게탕, 순천장뚱어탕, 추어탕, 매생이국, 머위들깨탕, 꽃게장, 세발낙지회, 광주애저찜, 죽순채, 죽순찜, 홍어찜, 낙지호롱, 붕어조림, 꼬막무침, 홍어회, 미나리강회, 산낙지회, 홍삼합, 죽순회, 콩나물잡채, 머위나물, 영광굴비구이, 풍천장어구이, 김부각, 가죽나무잎부각, 들깨꽃부각, 고춧잎자반, 순창고추장, 나주집장, 토하젓, 각종 젓갈류, 영암어란

김치류 돌산갓김치, 굴깍두기, 고들빼기김치, 나주반지, 감장아찌

병과류 부꾸미, 나복병, 감인절미, 감고지떡, 연근정과, 생강정과, 동아정과, 유과, 산자, 고구마엿

음청류 곶감수정과, 유자화채

주 류 전주이강주, 김제송순주, 고창복분자주, 진도홍주, 완주모주, 해남진양주

전라도의 별미음식

- **합자죽** 대합, 모시조개와 쌀로 쑨 죽으로 대합조개와 모시조개 등 조갯살로 맑은 장국을 끓이다가 쌀을 넣고 쑤거나 또는 조갯살을 푹 고다가 쌀을 넣고 쑨다.
- **담양대통밥** 3년 이상 자란 왕대의 대통을 마디마디 잘라 그 속에 불린 잡곡을 넣고 쪄내는 죽력영양밥이다.
- **매생이국** 조선시대 장흥지방의 진상품이었던 매생이는 얕은 바닷가에 자생하는 갈조류로 파래와 비슷하나 발이 훨씬 가늘고 부드럽다. 오래 가열하면 녹아 물처럼 되기 때문에 굴을 넣고 약한 불에서 잠깐 끓인다.
- **순천장뚱어탕** 몸이 거무튀튀하고 눈이 위로 튀어나와 있으며 눈꺼풀이 아래에서 위로 감기는 장뚱어는 겨울이면 갯벌 속에 들어가 겨울잠에 빠져든다고 하여 잠둥이라 부르던 것이 장뚱어가 되었다고 한다.
- **광주애저찜** 6~7개월 된 새끼돼지의 내장을 빼고 배 안에 꿩고기, 닭고기, 두부, 무 등을 양념하여 볶은 것을 채우고 찐 것이다. 솥에 대나무를 걸쳐 새끼돼지를 안치고 물을 부어 가열한다. 아저兒猪를 먹는 것이 안쓰럽다 하여 슬플 애哀자를 써서 애저라고 표현하며 여름철의 보양식으로 많이 먹었다.
- **영암어란** 5월경 숭어의 알을 꺼내 집간장에 담가 간을 한 후 참기름을 발라가며 한 달에 걸쳐 그늘에서 말렸던 정성 어린 작품으로 최고의 술안주로 쓰였던 진상품이기도 하다.
- **나복병** 멥쌀가루에 채 썬 무를 섞고 팥고물을 놓아 켜를 3cm로 두껍게 하여 찐 떡으로 음력 10월에 많이 해먹었다. 무를 절여서 넣기도 한다.

제주도

지역적 특징

제주는 섬나라라는 뜻의 도이島夷, 섭라涉羅, 탐모라耽牟羅, 탐라耽羅 등의 옛 지명을 가지고 있다. 제주도는 섬이라는 지리적 환경의 특수성으로 육지와는 달리 의·식·주생활, 신앙, 세시풍속 등의 독특한 민속문화로 세계적인 휴양관광지로 발돋움하고 있다.

우리나라의 제일 남쪽 섬인 제주도는 농촌, 어촌, 산촌으로 구분되어 생산되는 산물이 다르고 농산물은 쌀은 귀하고 잡곡인 콩, 보리, 조, 메밀 등의 생산이 많고, 특산물인 감귤은 이미 삼국시대부터 재배가 이루어 졌으며 전복과 함께 임금님께 올렸던 진상품이다. 제주도에서 나는 자리돔, 옥돔, 전복, 오분자기 등과 같은 해산물, 한라산에서 나는 표고버섯, 산채, 꿩 등은 이곳 제주도의 특징적인 음식의 맛을 내는 재료들이다. 겨울에도 기후가 따뜻하여 김장을 담글 필요가 없고, 담그더라도 종류가 적으며 짧은 기간 동안 먹을 적은 양을 담근다. 제주도 사람의 부지런하고 소박한 성품이 음식에도 나타나 재료가 가진 각각의 자연의 맛을 그대로 살리며 음식을 많이 차리거나, 양념을 많이 넣거나 또는 여러 가지 재료를 섞어서 만드는 음식은 별로 없다. 제주도음식은 해산물, 육류로는 돼지고기 · 닭고기 이와 함께 채소와 해초를 주로 이용하며 된장으로 소박한 맛을 낸다. 더운 지방이라 간은 대체로 짠 편이고, 양념을 적게 써서 간단하게 만들며 생선을 이용한 회·국·죽이 많다.

대표적인 제주도음식

주식류 옥돔죽, 전복죽, 돼지새끼죽, 초기죽, 지실(감자죽), 닭죽, 깅이죽, 메밀저배기, 꿩메밀만두, 감저범벅(메밀고구마범벅), 곤떡국

찬　류 톨(톳)냉국, 고사리국, 갈치호박국, 옥돔미역국, 구살국(성게국), 몸국, 해물뚝배기, 오분자기찜, 전복찜, 꿩적, 자리물회, 돼지새끼회, 초기적, 상어산적, 옥돔구이, 고등어구이, 자리구이, 양애무침, 초기전(표고버섯전), 고사리전, 생미역쌈, 다시마쌈, 톳나물, 똥돼지불고기, 구쟁이강회(소라회무침), 꿩토렴(꿩샤브샤브)

김치류 귤물김치, 유채김치, 꿩마농김치, 퍼대기김치, 동지김치, 해물김치, 양하장아찌

젓갈류 게우젓, 자리젓, 깅이젓, 성게젓, 소라젓, 갈치속젓

병과류 빙떡, 상애떡, 오메기떡, 달떡, 꿩엿, 닭엿

음청류 밀감화채, 유자청, 보리쉰다리, 소엽차

주　류 오메기(고소리)술, 선인장술

제주도의 별미음식

- **곤떡국** 흰쌀로 만든 흰떡국의 제주도 이름으로 흰쌀을 제주도에서는 곱다는 의미로 곤쌀이라고 한다.
- **몸국** 돼지뼈육수에 삶은 돼지의 내장, 몸, 비계, 물에 푼 메밀가루로 농도를 조절하여 미역귀를 넣고 끓인다. 몸은 모자반의 제주도 사투리이며 제주도 잔치에서 흔히 먹던 음식이다. 특히 햇몸으로 끓인 국을 참몸국이라 하는데 아주 별미이다.
- **꿩엿** 봄철에 약용으로 만드는데 엿을 고다가 꿩고기 삶은 것을 넣어 푹 조린 것으로 고추장 정도의 농도가 되게 삭혀서 먹는다.
- **닭엿** 차조밥에 엿기름물을 부어 10시간 정도 삭혔다가 체에 받쳐 꼭 짜서 엿물을 받아 내고 여기에 닭을 넣고 짙은 갈색이 될 때까지 푹 조려 통깨를 넣어 삭힌 것이다. 백자항아리에 담아 두고 숟가락으로 퍼 먹는데 겨울철에 먹는 독특한 보신용 음식이다. 쫄깃쫄깃한 닭고기와 통깨의 고소한 향기가 섞인 엿이다.
- **게웃젓** 제주도에서는 전복의 내장을 게웃이라 하는데, 이 게웃과 소라의 내장을 함께 섞어 소금으로 절여 만든 것으로 담근 지 일주일 후에는 먹을 수 있다.
- **닭제골** 제주에서 음력 6월 20일의 '닭 잡아먹는 날' 에 솥에 대꼬챙이를 여러 개 걸쳐 놓고 뱃속에 참기름과 마늘을 가득 채운 닭을 뚝배기에 얹어 오랫동안 중탕을 한다. 이때 푹 고아진 닭의 뽀얀 육수를 밑에 받친 뚝배기에 받아 약처럼 마시거나 복달임으로 사용하였다.
- **상애떡** 밀가루 반죽을 술로 발효시켜 찐 것으로 상화병에 연유하여 상애떡이 된 것으로 지금의 찐빵과 비슷하다.

황해도

지역적 특징

황해도는 우리나라의 중서부에 위치해 있으며 연백평야와 재령평야가 있어 북부지방의 곡창지대로 쌀과 메조, 수수, 기장, 밀, 콩, 팥 등의 잡곡이 풍부하게 난다. 연백지방의 흰쌀은 목화, 누에고치와 함께 삼백三白이라고 불리어 졌다. 남부지방의 사람들이 보리밥을 즐기듯 이 지방에서는 조밥을 많이 먹었다. 해안 지방은 조수간만의 차이가 크고 난류와 한류가 교차되는 지점이기 때문에 수산자원 또한 풍부한 편이다. 잡곡 · 밀 · 닭고기를 음식에 많이 이용하고, 인심이 좋고 생활이 윤택한 편이어서 음식을 한번에 많이 만든다. 음식의 맛은 짜지도 맵지도 않고, 음식에 기교를 부리지 않아 소박하며 큼직하고 푸짐하다. 송편이나 만두를 큼직하게 빚고, 밀국수나 만두에는 꿩고기와 닭고기를 많이 먹는다. 김치에 향미채소를 쓰는 것이 특징인데, 배추김치에는 미나리과에 속하는 향이 강한 고수를 , 호박김치에는 분디(산초)를 쓴다. 충청도와 비슷하게 호박김치는 늙은 호박으로 담가 두었다가 찌개로 끓여서 먹는다. 특히 김치는 맑고, 시원한 국물을 넉넉하게 하여 만들고, 겨울철에 국수나 찬밥을 김치나 동치미국물에 말아 즐겨 먹는다.

대표적인 황해도음식

주식류 김치밥, 세아리반(잡곡밥), 해주비빔밥, 비지밥, 남매죽, 칼국수(밀냥화), 씻긴국수, 수수죽, 호박만두, 냉콩국, 밀범벅

찬 류 되비지탕, 조기매운탕, 호박김치찌개, 분디(지)장찌개, 김치말이, 김치순두부, 갱엿돼지족조림, 된장떡, 행적(배추김치누름적), 청포묵, 대합전, 묵장떼묵, 순대

김치류 동치미, 호박김치, 감동젓섞박지, 연안식해, 분디장아찌

병과류 오쟁이떡, 좁쌀떡, 닭알떡, 무정과, 수리취인절미, 연안인절미, 녹두고물시루떡, 무정과

황해도의 별미음식

- **연안식해** 멥쌀밥에 엿기름가루를 섞은 후 조갯살과 대추, 잣, 소금, 참기름을 넣고 섞어서 항아리에 담아 봉하여 만든 일종의 젓갈이다.
- **분디장아찌** 산초 꽃봉오리를 간장에 담가 두었다가 먹는 장아찌이다. 산골에서 음력 7월경에 산초 꽃봉오리를 따서 다듬어 식초에 보름 정도 담갔다가 식초를 따라 내고 산초가 덮일 만큼 진간장을 부어 둔다. 사찰음식의 하나이며 산초가 익기 전에는 초록색인데 이것은 장아찌로 이용하고 까맣게 익은 열매는 산초기름을 짠다.

평안도

지역적 특징

우리나라의 북서쪽에 위치한 평안도는 동쪽은 산이 험하지만 서쪽은 평야가 넓어 곡식이 많이 생산되고, 황해안과 접해 있어서 해산물이 또한 풍부하다. 옛날부터 중국과 교류가 많아 평안도사람의 성격은 진취적이고 대륙적이다. 따라서 음식의 재료, 모양, 맛 등은 황해도 음식의 특징과 비슷하여 음식이 큼직하고 푸짐해서 먹음직스럽다. 특히 겨울에 먹는 음식이 다른 지방보다 발달해 있다. 겨울이 추운 지방이어서 기름진 육류음식을 즐겨 먹고 밭에서 많이 나는 콩과 녹두로 만드는 음식도 많다. 간은 삼삼하고 맵고 짜게 먹지 않으며 모양에 별로 신경쓰지 않고 양도 푸짐하다. 음식 중에서 국수를 즐겨 먹고, 겨울에는 냉면, 여름에는 어복쟁반이라는 쟁반국수를 즐겨 먹는다. 냉면은 동치미 국물에 말고, 꿩탕에도 말아 먹는다. 만두는 큼직하게 빚고, 떡도 큼직하게 만든다. 평안도 지방에서는 평양의 음식이 가장 널리 알려져 있는데 그 중 평양냉면, 어복쟁반, 순대, 온반 등이 유명하다. 곡물로 만든 음식은 조밥이 많고, 장국밥 같은 온반, 장국수 같은 온면이 유명하고, 김칫국에 마는 김치말이를 잘 먹는다. 죽은 닭죽과 어죽이 있는데 강변에 나가서 만들어 먹는 야외놀이 음식이다.

대표적인 평안도음식

주식류 평양온반, 김치밥, 닭죽, 어죽, 생치만두, 만두국, 굴만두(굴린만두), 느릅쟁이국수, 강량국수, 온면, 김치말이냉면, 평양냉면

찬 류 어복쟁반, 고사리국, 숭어국, 잉어국, 내포중탕, 빈대떡, 순대, 조기자반, 녹두지짐, 돼지고기편육, 더덕전, 콩비지

김치류 냉면김장김치, 백김치, 동치미, 가지김치

병과류 송기떡, 노티(놋티), 녹두빙자병, 꼬장떡, 계피떡, 과줄, 엿, 태석(식)

주 류 감홍로

평안도의 별미음식

- **평양온반** 대접에 흰밥을 담고 소금간을 한 닭고기 국물을 부은 다음 닭고기와 함께 녹두지짐을 고명으로 얹어 낸다.
- **과줄** 유밀과의 한 가지로, 꿀물 혹은 끓인 설탕물과 밀가루를 섞어 반죽을 한 뒤에 과줄판에 박아서 기름에 지져 속까지 검은 빛이 나도록 익힌다. 약과, 정과, 다식 등을 통틀어 일컫는다.
- **꼬장떡** 멥쌀가루와 좁쌀가루를 섞어 반죽하여 만든 삶은 떡의 일종으로, 반죽을 동글게 빚어 끓는 물에 삶아 건진 후 찬물에 헹구고 참기름을 바른 뒤 콩가루나 팥고물을 묻힌 떡이다.
- **태석(식)** 조청을 만들어 그 속에 찹쌀미숫가루 또는 볶은 참깨, 볶은 들깨 등을 각각 넣어 떠 먹게 만든 것이다. 근친갔던 색시가 시댁에 돌아올 때 나무함지박 하나 가득히 만들어 가지고 와서 일가친척에게 돌리던 엿이다.

함경도

지역적 특징

함경도는 우리나라의 가장 북쪽에 위치하며 백두산과 개마고원이 있는 험악한 산간지대여서 논농사는 적고 밭농사를 많이 한다. 특히 잡곡이 풍부하여 주식이 기장밥 · 조밥과 같은 잡곡밥이다. 조와 수수는 남쪽 지방과는 달리 매우 차지고 맛이 구수하다. 근처의 인접한 동해안에서 명태 · 청어 · 대구 · 연어 · 정어리 등 여러가지 생선이 잘 잡힌다. 감자 또는 고구마 전분을 이용한 음식이 많은데, 녹말을 가라 앉혀서 국수를 만들어 먹는 냉면이 발달하였다. 함흥냉면은 녹말을 반죽하여 국수틀에 눌러 국수를 만들어 홍어, 가자미 등의 생선으로 만든 매운 생선회를 냉면국수에 비벼 먹는 독특한 음식이다. '다대기'는 고춧가루에 갖은 양념을 하여 만든 함경도식의 매운 양념으로 이를 음식에 많이 이용한다. 음식의 모양은 큼직하며 장식이나 기교를 부리지 않고, 간은 짜지 않지만 고추와 마늘 양념을 많이 사용하여 진한 맛을 즐기기도 한다. 함경도지방은 김장을 11월 초순부터 담그며 새우젓, 멸치젓을 조금 넣고 주로 대신 동태, 가자미, 대구 등의 생선을 썰어 무나 배추김치소에 넣고, 김치국물을 넉넉히 넣는다. 동치미도 담가 땅에 묻어 놓고 이 동치미 국물로 냉면이나 밥을 말아먹는다. 콩의 질이 좋아 콩나물을 살짝 삶아 김치를 담가 먹기도 한다.

대표적인 함경도음식

주식류 잡곡밥, 닭비빔밥, 강냉이밥, 기장밥, 찐조밥, 귀밀밥, 얼린콩죽, 가릿죽, 섭죽, 감자국수, 회냉면, 감자막가리 만두

찬 류 명태국, 단고기국, 천엽국, 다시마냉국, 되비지찌개, 비웃(청어)구이, 원산해물잡채, 북어찜, 영계찜, 두부전, 두부회, 닭섭산적, 임연수구이, 동태순대, 콩부침, 북어찜

김치류 콩나물김치, 대구깍두기, 채칼김치, 산갓김치, 가자미식해, 도루묵식해

병과류 가랍떡, 콩떡, 언감자떡, 귀밀떡, 귀밀송편, 달떡, 괴명떡, 인절미, 오그랑떡, 산자, 태석, 약과, 콩엿강정, 들깨엿강정

음청류 보리감주

함경도의 별미음식

• **가릿죽** 쌀을 되직하게 쑨 흰죽을 그릇에 담고 그 위에 고기, 선지, 육회, 두부 등을 고명으로 얹어, 뜨거운 고기국물을 부은 것이다. 사골을 찬물에 담가 피를 빼고, 양지머리 등을 섞어 푹 고아, 고기는 건져 찢어서 양념하여 고명으로 하고, 국물을 식혀 기름을 제거하여 간을 맞춘다. 선지는 끓는 물에 삶고, 찬물에 헹구어 피를 뺀다.

• **섭죽** 담치(섭조개)국에 쌀을 넣고 쑨 죽으로 담치로 맑은 장국을 끓이거나 그대로 푹 고은 것에 쌀을 넣고 끓인 죽이다.

• **달떡** 멥쌀가루를 쪄서 절구나 떡판 위에서 쳐서 달 모양으로 둥글게 빚어 줄무늬의 떡살을 찍어 참기름을 바른 떡이다. 함경도, 평안도지방에서는 혼례 시 달떡을 놋동이에 여러 켜 담고 그 위에 꽃을 꽂는다.

• **괴명떡** 찹쌀가루를 반죽하여 무쇠가마에서 구운 떡이다. 미지근하게 데워진 무쇠솥에 떡반죽을 아기 주먹만하게 빚어 넣고 부풀어 오르면 뒤집어 다시 굽기를 두서너 번 거듭한 다음 꺼내어 소금물에 잠시 담갔다가 건져 참기름을 바른다.

매작과

잣죽
북어전
규아상
편수
설렁탕
대합구이
전복초
갑회
통배추김치
백김치
진달래화전
매작과
보리수단

화려한 멋과 의례를 중시하는 풍이기에 음식은 크기가 작고 모양을 예쁘게 하여 멋을 내고,
양은 적고 가짓수를 많이 한다.

서울

잣죽

잣죽은 잣과 쌀을 곱게 갈아서 한데 쑨 고운 무리죽으로 향기가 훌륭하고 영양가도 우수하여 궁중에서 초조반의 죽상에 가장 많이 올리어졌다. 잣은 송자松子, 백자柏子, 해송자海松子라고 불리우며 자양강장, 수명연장의 효능을 갖고 있다.

재료및분량

불린 쌀 2/3컵
잣 1/2컵
물 5컵
소금 1/2작은술
설탕 1/2작은술

만드는법

01 잣은 고깔을 뗀 후 물 1컵을 넣고 갈아 고운 체에 밭쳐 웃물과 앙금으로 분리해 둔다.

02 불린 쌀은 물 1컵을 넣고 갈아서 고운 체에 밭쳐 앙금이 가라앉도록 그대로 둔다.

03 냄비에 갈아 놓은 쌀의 웃물을 넣고 끓이다가 물 3컵과 쌀 앙금을 넣고 멍울지지 않게 나무주걱으로 저어가며 끓인다. 잣 앙금을 조금씩 넣고 잘 어우러질 때까지 뭉근하게 끓인다.

04 뜨거울 때 그릇에 담고 소금과 설탕은 그릇에 따로 내어 먹을 때 식성에 따라 간한다.

- 잣죽은 식으면 묽어지는 경향이 있으므로 약간 되직하게 쑨다.
- 쌀과 잣을 함께 갈거나 죽을 쑬 때 지나치게 젓거나 소금 간을 미리 하면 빨리 삭는 경향이 있다.

북어전

재료및분량

북어 2마리
달걀 2개
밀가루 4큰술
식용유 4큰술

양념장

진간장 1큰술, 설탕 1큰술, 다진 파 · 마늘 1큰술씩, 생강즙 1/2큰술, 참기름 2큰술, 깨소금 1작은술, 후춧가루 1/8작은술

만드는법

01 북어는 머리를 자르고 미지근한 물에 불린 후 방망이로 자근자근 두들겨 뼈와 속의 가시를 발라 낸 다음 5cm길이로 토막낸다.

02 껍질 쪽에 칼집을 넣고 손질한 북어를 양념장에 재워둔다.

03 밑간한 북어에 마른 밀가루를 묻힌 후 촉촉해지면 달걀옷을 입힌다.

04 불에 달구어 뜨거워진 번철에 기름을 두르고 04의 북어를 중불에서 살짝 누르면서 서서히 지져낸다.

북어전은 손질해서 양념한 북어를 밀가루와 달걀물을 입히고 지져 낸 것으로 조선후기에 이르러 관혼상제에 빠지지 않는 담백한 음식이다. 생 것은 생태, 얼린 것은 동태, 말린 것은 북어 또는 황태, 명태 새끼는 노가리, 반쯤 말린 것은 코다리라 하는 등 명태는 가공 상태에 따라 그 이름이 다양하다.

• 뜨거운 전을 바로 접시에 포개어 담으면 눅눅해지고 달걀 입힌 것이 벗겨지기 쉬우므로 반드시 채반에 펼쳐 놓았다가 한 김 식은 후에 접시에 모양있게 담아 상에 낸다.

규아상은 일명 미만두라고도 하며 여름에 먹는 찐만두이다. 해삼모양처럼 빚는데 오이, 표고버섯, 소고기를 익혀서 소로 이용하므로 잠깐만 쪄내어도 된다.

규아상

재료및분량

만두피
밀가루 2컵, 소금 1작은술, 물 7큰술, 식용유 1큰술

만두소
소고기(우둔살) 100g, 건표고버섯 2장, 오이 1개, 잣 1큰술

양념장
간장 1큰술, 설탕 1/2큰술, 다진 파 2작은술, 다진 마늘 1작은술
참기름 1작은술, 깨소금 1작은술, 후춧가루 1/8작은술

초간장
간장 2큰술, 식초 2큰술, 설탕 1작은술, 육수(물) 2큰술
담쟁이잎 30장

만드는법

01 밀가루는 소금물과 식용유로 반죽하여 비닐봉지에 30분 정도 싸 두었다가 밀대로 밀어 직경 8cm 크기의 둥근 모양으로 펴서 만두피를 만든다.

02 소고기는 곱게 다지고 표고버섯은 뜨거운 물에 불려서 곱게 채 썬 다음 둘을 합하여 양념장으로 간하여 볶는다.

03 오이는 4cm 길이로 토막내어 가운데 씨 부분을 남기고 껍질과 살은 돌려 깎아 채 썰어 소금(2작은술)에 절였다가 물에 헹군 후 꼭 짜서 센 불에서 재빨리 볶아 식힌다.

04 볶은 소고기와 표고버섯, 오이를 고루 섞어 만두소를 만든다.

05 만두피 가운데에 갸름하게 만두소와 잣을 넣고 반을 접어 가운데는 주름잡아 붙이고 양끝은 삼각지게 붙여 쌍귀를 만든 다음 해삼처럼 등에 주름을 잡아 빚는다.

06 빚은 만두를 담쟁이 잎에 싸서 김오른 찜통에 겹치지 않게 올린 다음 약 15분정도 쪄내어 초간장을 따로 담아낸다.

- 만두를 쪄낸 후 접시에 담아 그대로 두면 뜨거워서 만두끼리 붙거나 접시 바닥에 닿아 찢어지기 쉬우므로 참기름 섞은 소금물을 뿌려 달라붙지 않도록 한다.

편수片水는 물 위에 조각이 떠있는 모양이라고 하여 붙여진 이름으로 여름에 차게 해서 먹는 네모진 모양의 만두이다. 편수는 쪄서 그대로 초간장에 찍어 먹기도 하고 차게 한 장국을 부어 먹기도 한다. 「규합총서」 에서는 송도(개성)편수가 유명한데 변씨만두라고도 하며 주로 정월 명절날에 만들어 먹었다고 씌여있다.

편수

재료및분량

만두피
밀가루 2컵, 소금 1작은술, 물 7큰술, 식용유 1큰술
만두소
소고기(우둔살) 100g, 건표고법섯 2장, 애호박 1개, 양파 100g, 숙주 50g
잣 1큰술
양념장
간장 $1\frac{1}{2}$큰술, 설탕 2/3큰술, 다진 파 2작은술, 다진 마늘 1작은술
참기름 1작은술, 깨소금 1작은술, 후춧가루 1/8작은술
육수
소고기(양지머리) 100g, 물 5컵, 대파 1/2대, 마늘 2쪽, 통후추 3개
초간장
간장 2큰술, 식초 2큰술, 설탕 1작은술, 육수(물) 2큰술

06 만두소 만들어 넣기

07 만두의 네 귀 붙이기

만드는법

01 밀가루는 소금물과 식용유로 반죽하여 비닐봉지에 30분 정도 싸 두었다가 밀대로 얇게 밀어 사방 8~10cm 정도의 정사각형으로 만두피를 만든다.
02 소고기는 곱게 채 썰거나 다지고 표고버섯은 뜨거운 물에 불려서 곱게 채 썰어 둘을 합하여 양념장으로 간하여 볶는다.
03 애호박은 가운데 씨를 발라내고 채 썰어 소금(1작은술) 뿌려 살짝 절인 다음 물기 짜서 센 불에서 빨리 볶아 식힌다.
04 양파는 곱게 채 썰어 소금 넣고 재빨리 볶는다.
05 숙주는 데쳐서 꼭 짠 다음 잘게 썰어 소금과 참기름으로 무친다.
06 위에서 준비한 재료에 양념장을 고루 섞어 만두소를 만든다.
07 만두피에 만두소와 잣 3~4알을 넣고 네 귀를 모아서 맞닿는 자리를 마주 붙여서 네모지게 빚는다.
08 맑은 육수에 소금과 간장으로 간을 맞추어 펄펄 끓으면 빚은 편수를 넣고 삶아 달걀지단을 얹어 낸다.
09 또는 김오른 찜통에 10분 정도 쪄내어 초간장과 함께 곁들여낸다.

• 편수를 빚을 때 네 귀를 꼭꼭 마주 잡아 붙여야 완성시 벌어지지 않는다.

설렁탕은 소머리, 내장, 도가니, 사골 등을 푹 고은 국으로 설렁탕, 선농탕, 설농탕 등으로 표기되어 왔다. 홍선표의 「조선요리학」에서 설렁탕의 유래를 살펴보면 농사가 천하의 대본이었기에 농사를 다스리는 선농에게 바치는 신라시대 이래 국가 규모의 제사인 선농제 때 왕은 지금의 동대문 밖 제기동에 있는 선농단先農壇으로 거동하여 적전에서 직접 친경親耕을 한다라고 기록되어 있다.

설렁탕

재료및분량

소머리 1kg(소족 1개)
사골 1kg
도가니 1개
사태 300g
양지머리 300g
양파 1개
대파 5대
마늘 1통
생강 1톨
물 20ℓ/월계수잎 10장

곁들임

송송 썬 대파 3큰술, 고춧가루 1작은술, 청주 3큰술, 후춧가루 1/2 작은술
소금 1작은술
당면(국수) 100g

03 설렁탕 재료 푹 삶기

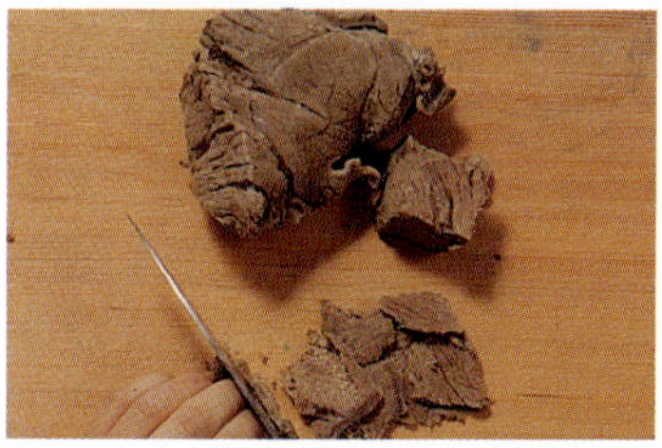

04 삶은 고기를 편육으로 썰기

05 삶은 국수 말기

만드는법

01 소머리, 소족, 사골, 도가니는 토막낸 것으로 깨끗이 씻어 찬물에 1~2시간 담가 핏물을 뺀다.

02 큰 솥에 물을 붓고 끓이다가 01의 재료를 넣고 한소끔 끓어 오르면 소쿠리에 쏟아 붓고 물을 따라 버린다.

03 다시 찬물에 02의 재료를 넣고 푹 고으면서 깨끗이 손질해 놓은 양지머리, 사태 등을 넣어 끓이다가 거품을 걷어내고 대파, 생강, 마늘, 청주 등을 함께 넣어 약불에서 은근히 끓인다.

04 국이 충분히 고아져서 맛이 들면 고기는 건져 얇게 편육으로 썰고 국물은 식혀서 기름기를 건져낸다.

05 삶은 국수나 당면을 같이 담아 내거나 따로 곁들여 낸다.

06 간을 미리 맞추지 않고 잘게 썬 대파와 소금, 후추, 고춧가루는 따로 곁들여 낸다.

- 설렁탕은 한국 음식 중에서 계절과 남녀노소에 관계없이 가장 많이 애용되는 일종의 일품요리화된 탕류이다.
- 국물을 뽀얗게 우릴 때 처음 낸 국물은 따로 받아두고 재차, 삼차 내는 국물과 섞어서 사용하도록 한다.

대합구이는 다진 대합살과 소고기, 채소류를 섞어 만든 소를 대합 껍질에 채워서 밀가루와 달걀옷을 입힌 다음 번철에 지져낸 다음 석쇠에 구운 음식으로 주안상이나 손님상에 올리는 화려하고도 귀한 찬물이다.

대합구이

재료및분량

대합조개 2개
조갯살 50g
소고기 30g
두부 30g
표고버섯 2장
양파 1/6개
홍고추 1/3개
풋고추 1/3개
달걀 2개
밀가루 4큰술

소양념

소금 1작은술, 설탕 1작은술, 청주 1큰술, 다진 파 2작은술
다진 마늘 1작은술, 깨소금 1작은술, 참기름 1작은술, 후춧가루 약간

초간장

간장 2큰술, 식초 2큰술, 설탕 1작은술, 육수(물) 2큰술

01 대합살 다지기

03 소재료 고루 섞어 양념하기

04 대합껍질에 소 채우기

04 소채운 대합에 밀가루와 달걀물 바르기

만드는법

01 대합은 하루 전날 소금물에 담가 해감시킨 후, 끓는 물에 잠시 넣었다가 입을 벌리면 꺼내어 살을 떼어내고 내장을 제거한 다음 따로 준비한 조갯살과 함께 곱게 다져서 기름 두르지 않은 번철에 잠시 볶아 수분을 제거한다.

02 소고기는 곱게 다지고 두부는 곱게 으깨어 면보에 싸서 물기를 제거한다.

03 표고버섯과 양파는 곱게 다져서 볶아 소고기, 두부, 대합살과 함께 섞어 양념하여 모든 재료를 한데 섞어 고루 버무린 다음 소로 준비한다.

04 대합의 껍질을 깨끗이 씻어 물기를 제거하고 안쪽에 기름을 바른 다음, 밀가루를 뿌리고 소를 단단하게 채워 그 위에 밀가루를 묻힌 후 달걀노른자와 흰자를 각각 묻혀 번철에서 지져낸 다음 석쇠에 굽는다.

05 구운 대합 위에 풋·홍고추와 쑥갓을 고명으로 올리고 초간장을 곁들여 낸다.

- 조갯살은 일단 익혀서 물기를 없앤 후 대합껍질에 채워 넣어야 한다. 생으로 다져 껍질 안에 채워서 구우면 물이 흐르고 오그라들어 볼품이 없어진다. 대합을 통째로 구울 때에는 조갯살(패주)이 붙은 쪽을 불에 대고 구워야 조개의 국물이 바깥으로 빠지지 않는다.

전복초는 생전복의 살만 떼어 내어 데친 다음 조림장으로 조린 귀한 찬물로서 초炒란 윤기나게 조린다는 의미이다.

전복초

재료및분량

전복 4개
꿀 1/2큰술
잣가루 1작은술
참기름 1작은술

조림장

간장 2큰술, 설탕 1큰술, 청주 2큰술, 전복 데친 물 1/2컵, 대파 흰부분 1/2대
마늘편 6쪽, 후춧가루 1/8작은술, 생강편 6쪽

만드는법

01 전복은 살아 있는 것으로 준비하고 솔로 껍데기를 문질러 깨끗이 씻는다.

02 전복의 얇은 부분에 숟가락을 밀어 넣어 내장이 터지지 않게 살을 떼어낸 뒤 내장을 제거한 다음 가로 세로 칼집을 낸다.

03 냄비에 전복이 잠길 정도로 물을 붓고 물이 끓어 오르면 살짝 데쳐낸다.

04 냄비에 분량의 간장과 설탕, 청주, 물, 생강편, 파 · 마늘편, 후춧가루를 넣고 끓여 조림장을 만든다.

05 조림장이 끓기 시작하면 데친 전복살을 넣고 불을 약하게 하여 조림장을 위로 끼얹어 가면서 조린다.

06 조림장이 졸아 들면 꿀과 참기름을 넣고 뒤적인 뒤 전복 껍데기에 소복이 담고 잣가루를 뿌린다.

- 조갯살을 오래 데치면 질겨지므로 물이 끓어 오르기 시작하면 살짝 데치고 바로 꺼내 조림장에 조린다.

갑회는 소의 신선한 양, 천엽, 간을 얇고 넓적하게 저며서 잣을 한 알씩 넣고 말아 깨소금, 참기름, 후춧가루, 소금을 한데 섞어 만든 기름소금을 곁들인 회를 말하는 것으로 각회, 각색회라고도 한다.

갑회

재료및분량

소간 300g
천엽 300g
양 300g
잣 1/2컵
굵은 소금 1컵
밀가루 1컵
기름소금
참기름 4큰술, 꽃소금 1큰술, 깨소금 1큰술, 후춧가루 1/4작은술

만드는법

01 신선한 소간은 밀가루와 소금으로 문질러 잡냄새를 제거한 다음, 냉동실에 넣어 겉만 살짝 얼린 후 꺼내어 얇은 막을 벗기고 폭 2cm, 길이 4cm 정도로 얇게 저며서 잣을 가운데 놓고 돌돌 말아서 가지런히 담는다.

02 천엽은 밀가루와 소금으로 문질러 씻어 냄새를 없애고 칼등으로 다져 연하게 한 후 한입 크기로 썬 다음 잣을 가운데 놓고 말아서 가지런히 담는다.

03 양은 소금과 밀가루로 문질러 씻어 끓는 물에 넣었다 꺼내 칼로 검은 부분을 벗겨낸 후, 안쪽의 기름과 얇은 막을 제거하고 깨끗이 씻어 얇게 저민 다음 잣을 가운데 놓고 말아 다른 회 옆에 담는다.

04 소금에 참기름, 꽃소금, 깨소금, 후춧가루를 섞어서 기름소금을 만들어 작은 접시에 담고 기호에 따라 찍어 먹는다.

- 회감을 모두 가는 채로 썰어서 파, 마늘, 생강 다진 것 등을 넣은 기름소금으로 고루 무쳐서 담기도 한다.
- 기름소금 대신에 겨자장을 곁들여 내기도 한다.

통배추김치는 배추를 썰지 않고 통째로 절여 배춧잎 사이사이에 소를 넣어 담그는 대표적인 김치이다. 북쪽은 싱겁고 맵지 않고 국물이 있는 편이며 남쪽은 짜고 매우며 국물없이 담그며, 중부지방은 간도 국물도 중간 정도이다. 젓국으로 북쪽은 새우젓과 조기젓을, 남쪽은 멸치젓과 갈치젓을, 중부지방은 새우젓, 까나리액젓, 조기젓 등을 주로 쓴다.

통배추김치

재료및분량

배추 2kg
굵은소금 1½컵(240g)
물 1.5ℓ

김치속

무 400g, 쪽파 50g, 갓 50g, 건청각 10g, 미나리 60g, 대파 20g

김치속 양념

고춧가루 1½컵, 새우젓 50g, 멸치젓 50g, 생굴(생새우) 1/2컵(100g), 찹쌀풀 1/2컵, 소금 1큰술, 설탕(매실액) 1큰술, 다진 마늘 50g, 다진 생강 20g, 통깨 1큰술, 잣 1작은술

만드는법

01 배추는 겉잎을 떼고 밑동부분에 칼집을 넣어 손으로 양쪽을 쪼개어 5배의 소금물에 담갔다가 배추 줄기 쪽에 웃소금을 뿌려서 위 · 아래를 바꾸어 가며 7~8시간 절인 후 깨끗이 헹구어 소쿠리에 엎어서 물기를 뺀다.

02 무와 대파의 흰 부분을 채 썰고 쪽파, 갓, 미나리는 4cm 길이로 썬다.

03 채친 무에 고춧가루를 넣어 먼저 물을 들인다.

04 고춧물을 들인 무에 다진 새우젓, 멸치젓, 마늘, 생강, 고춧가루, 미나리, 갓, 쪽파, 대파, 찹쌀풀, 물에 불린 청각 등을 넣고 소금과 설탕으로 간하여 골고루 버무린 다음 생굴이나 생새우를 섞어 김치속을 준비한다.

05 배춧잎 사이사이에 김치속을 넣고 김치양념으로 고루 버무린 후 겉잎으로 싸서 마무리한다.

01 배추에 웃소금 뿌리기

03 채친 무 고춧가루 물들이기

04 배춧잎 사이사이에 김치속 넣기

05 배추 김치양념으로 버무리기

05 겉잎으로 싸서 마무리하기

05 통배추김치

- 통배추는 소금만 뿌려서 절이면 수분이 빠지지 않아 골고루 절여지지 않으므로 소금물에 절여야 제 맛을 낼 수 있다.
- 이때 소금물이 너무 짜면 잎부분만 빨리 절여지고 줄기는 절여지지 않고, 너무 오래 절이면 배추의 단맛이 빠져나가 김치의 맛이 떨어진다.

백김치는 배추에 고춧가루를 쓰지 않고 무채, 밤, 배, 대추, 석이버섯, 실고추 등으로 속을 넣고 양지머리 육수나 과즙의 국물을 자작하게 부어 익힌 깨끗하고 시원한 김치로 담백한 맛이 일품이다. 평안도를 비롯한 추운 북쪽지방에서도 즐겨 먹는 김치로 배추를 소금물에 절여 시원한 국물 맛이 우러나도록 담그는 것이 중요하다.

백김치

재료및분량

배추 1포기(2kg)
굵은소금 1컵(160g)
물 1.2ℓ

속재료

무 400g, 배 1/4개, 밤 40g, 석이버섯 50g, 대추 30g, 쪽파 20g
미나리 30g, 갓 40g, 대파 20g, 마늘 40g, 생강 20g, 잣 1큰술
홍고추(실고추) 1개, 새우젓 6큰술, 찹쌀풀 1/2컵, 소금 1큰술,
설탕(매실액) 1큰술

육수

꽃소금 2큰술, 물(양지머리육수) 10컵

만드는법

01 배추는 시든 잎은 떼어내고 통이 큰 것은 4등분하고 작은 것은 반으로 잘라 소금물에 담갔다가 줄기 쪽에 소금을 약간씩 뿌려서 자른 면이 위로 향하게 하여 6시간 정도 고루 절인다. 절인 배추는 흔들어 헹군 다음 소쿠리에 엎어 물기를 빼고 굵은 뿌리 부분을 말끔하게 도려낸다.

02 무와 대파는 4cm 길이로 채 썰고, 배, 밤, 마늘과 생강, 씨를 뺀 대추, 불려서 다듬은 석이버섯도 깨끗이 손질해 채 썬다. 쪽파, 갓, 미나리도 4cm 길이로 썬다.

03 새우젓은 건더기만 건져 굵게 다지고 젓국은 남긴다.

04 넓은 그릇에 배추를 제외한 위의 재료와 홍고추채(실고추)를 넣고 잘 버무려 붉은색 물을 들인 후 다진 새우젓, 소금, 설탕, 찹쌀풀을 넣어 간을 맞추어 속을 준비한다.

05 배춧잎 사이사이에 속을 골고루 넣는다.

06 고명으로 잣을 넣고 배추 겉잎으로 잘 싼다.

07 속을 넣은 쪽을 위로 가게 하여 항아리에 담고 꼭꼭 눌러준 다음 새우젓으로 간을 맞춘 물(육수)을 배추가 잠기도록 넉넉히 붓는다.

02 속재료 준비하기

04 속재료 간하기

05 배춧잎 사이사이에 속 넣기

07 백김치에 육수 붓기

- 고춧가루나 젓갈류를 많이 사용하지 않아 자칫 군내가 나기 쉬우므로 배와 밤을 넣어 시원한 청량감을 더해 주는 것이 좋다.
- 국물용 육수는 양지머리, 북어, 다시마 등을 다양하게 이용할 수 있으며 여기에 매실청이나 유자청을 첨가하면 그 향이 일품이다.

진달래화전은 두견화전이라고도 하고 웃기떡으로 주로 쓰이며 삼월삼짇날에 먹던 시절음식이다. 이 외에도 그 계절에 피는 꽃을 이용하여 맨드라미화전, 배꽃전, 복숭아꽃전, 백합꽃전, 석류화전, 옥잠화전, 감국잎화전 등을 만들며 계절에 상관없이 대추, 밤, 잣, 석이버섯채를 고명으로 얹어서 지져내기도 한다.

진달래화전

재료 및 분량

찹쌀가루 500g
소금 1작은술
끓는 물 2/3컵
쑥잎(쑥갓) 50g
꿀(설탕시럽) 1컵
식용유 1컵

만드는 법

01 찹쌀은 깨끗이 씻어 6시간 정도 담갔다가 소쿠리에 건져, 소금을 넣고 빻아 체에 내려서 고운 가루로 만든다.
02 찹쌀가루를 끓는 물로 익반죽한 후 직경 5cm, 두께 0.6cm 정도로 동글납작하게 빚어 놓는다.
03 진달래꽃은 가운데 꽃술을 떼어 내고 쑥잎도 하나씩 떼어 물에 담갔다가 건져서 물기를 없앤다.
04 빚어 놓은 반죽 위에 진달래꽃과 쑥잎을 올려 장식한다.
05 번철에 기름을 넉넉히 두르고 반죽을 놓고 누르면서 약한 불에서 지진다.
06 투명하게 익은 진달래화전에 뜨거울 때 꿀이나 설탕(시럽)을 뿌린다.

01 찹쌀가루 익반죽하기

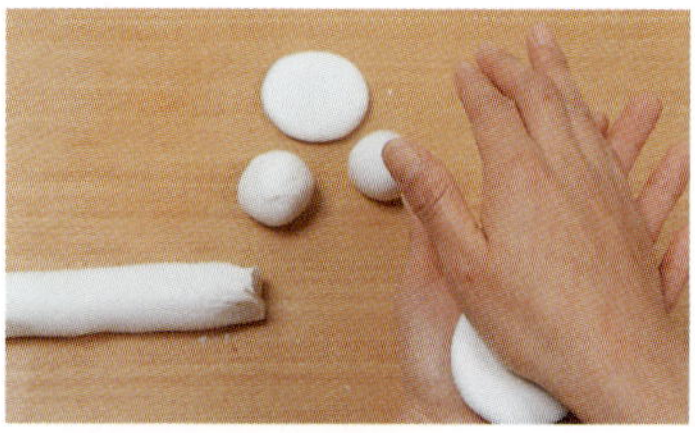
02 반죽 동글납작하게 빚기

03 진달래 꽃술 떼어내기

04 반죽에 진달래 꽃 붙이기

05 화전 지지기

06 화전에 설탕 뿌리기

- 화전의 반죽은 많이 주물러야 몸이 곱고 빚을 때 갈라지지 않는다.
- 찹쌀반죽은 지질 때 서로 붙지 않게 떼어 놓고 숟가락으로 눌러가며 지진다.

매작과는 그 모양이 '마치 매화나무에 참새가 앉은 모습과 같다' 하여 한자로 매화 매梅, 참새 작雀 자를 써서 매작과梅雀菓라고 하는데 매잣과 · 매잡과梅雜菓 · 매엽과梅葉菓 · 타래과 등 여러 이름으로 불리우며 손님접대용의 다과상이나 어린이들 간식용으로 많이 쓰인다.

매작과

재료및분량

밀가루 2컵(220g)
소금 1/2작은술
김 4장
튀김기름 적당량

천연색물

시금치즙(파래물) 3큰술, 오미자 우린물 3큰술, 치자 우린물 3큰술
생강즙 3큰술, 잣가루 1큰술

집청시럽

설탕 1컵, 물 1컵, 꿀 2큰술, 생강즙 2큰술, 계핏가루 1/6작은술

만드는법

01 밀가루에 소금을 넣고 고운 체에 친다.

02 밀가루를 4등분 하여 생강즙, 시금치즙, 오미자 우린물, 치자 우린물로 말랑하게 반죽하여 비닐에 싸서 30분 정도 둔다.

03 반죽은 0.3cm 두께로 얇게 밀어 길이 5cm, 폭 1.5cm 정도로 네모 반듯하게 자른 뒤, '내천川' 자 모양으로 칼집을 3개 넣고, 가운데 칼집사이로 한쪽 끝을 밀어 넣어 뒤집어 타래모양을 만든다.

04 생강즙 반죽은 얇게 밀어 물(달걀 흰자)을 살짝 바르고 그 위에 김 1장을 덮어 겹쳐서 같은 방법으로 타래모양을 만든다.

05 160℃의 튀김기름에 반죽을 넣고 모양이 일그러지지 않도록 노릇노릇하게 튀겨 기름을 제거하고 끓인 집청시럽에 담갔다가 건진다. 위에 잣가루를 뿌려서 내기도 한다.

01 밀가루 체에 치기

02 생강즙 내기

02 천연색물로 반죽하기

03 반죽 얇게 밀기

04 타래모양 만들기

05 튀겨내기

- 생강과 수삼은 즙을 내지 않고 그대로 갈아서 밀가루에 섞어 반죽하기도 한다.
- 반죽의 색은 당근즙, 흑임자가루, 포도즙, 커피가루 등을 이용하여 낼 수 있다.

보리수단은 푹 삶은 보리쌀에 녹두녹말을 묻혀 끓는 물에 삶아 건져 물에 헹구는 과정을 반복하여 통통하고 투명하게 옷을 입힌 보리쌀알을 불그스레한 오미자 국물에 띄운 전통음료이다. 보리는 맛이 달고 짜며 성질은 서늘하여 소화를 잘 되게 하며 식체나 설사를 치료하고 소변을 잘 통하게 하여 몸이 붓는 것을 치료한다고 알려져 있다.

보리수단

재료및분량

보리쌀 4큰술
녹말(녹두, 감자) 1컵
잣 1큰술

오미자 당액

오미자 우린물 4컵(오미자 : 물=1 : 5)
설탕시럽 6큰술
꿀 4큰술
소금 약간

01 보리쌀 삶기

01 삶은 보리쌀 찬물에 헹구기

02 보리쌀에 녹말옷 씌우기

02 끓는 물에 데쳐내기

02 녹말옷 입힌 보리쌀알 찬물에 헹구기

03 오미자 우린 물 거르기

만드는법

01 보리쌀은 박박 문질러 여러 번 닦아 깨끗이 씻어 물에 푹 삶아서 찬물에 헹구어 건져 물기를 뺀다.

02 삶은 보리쌀 한알 한알에 녹두녹말을 골고루 씌워 끓는 물에 삶아 건져 찬물에 헹군다. 이 과정을 3~4회 반복하여 보리쌀알을 통통하고 투명하게 옷을 입힌다.

03 하룻밤 우려낸 오미자물에 설탕시럽과 꿀을 넣고 옷을 입힌 보리쌀알과 잣을 함께 띄워 차게 해서 낸다.

- 삶은 보리에 녹말가루를 입힐 때, 물기를 완전히 뺀 후에 다시 녹말가루를 덧입혀야 옷이 투명하게 입혀지고 보리알이 굵어진다.
- 오미자를 물에 우릴 때는 생수나 끓여 식힌 물을 사용하여야 한다. 오미자를 끓이면 쓴맛이 강해지므로 주의한다.
- 품질이 좋은 오미자는 물과의 비율을 1:10까지 우려낼 수 있다.

개성주악

조랭이떡국
개성종갈비찜
홍해쌈
족편
개성보쌈김치
강화순무김치
수삼나박지
감동젓무
개성주악
송화밀수

개성을 제외하고는 경기도 음식이 대체적으로 소박하고 수수하며 양이 많은 편이다.
간은 중간 정도이며 양념을 많이 쓰지 않는 편이다.

경기도

조랭이떡국은 새해 아침 한해의 안녕을 기원하면서 누에고치 모양으로 만든 개성지방의 음식이다. 누에고치의 실처럼 한해의 일이 술술 잘 풀리라는 기원의 의미가 있으며 한편으론 이성계에 대한 고려 사람들의 원망의 뜻을 담은 떡국이라는 설도 있다. 또한 아이들의 설빔에 주머니 끈이나 옷끈에 다는 조롱박이 액막이를 한다 하여 조롱박 모양과 비슷한 조랭이떡국을 끓여 먹었다고 한다.

조랭이떡국

재료및분량

쌀가루 500g (소금 1작은술)
물 6큰술
소고기(양지머리) 200g(물 10컵)
대파 1대
마늘 3쪽
달걀 1개
국간장 · 소금 1큰술씩

고기양념

국간장 1작은술, 다진 파 · 마늘 1/2작은술씩, 깨소금 1작은술
참기름 1작은술, 후춧가루 1/8작은술

고명용 파산적

쪽파 5줄기, 꼬챙이 2개
소고기(우둔) 70g(진간장 1큰술, 설탕 1/2큰술
참기름 1/2작은술, 다진 파, 마늘 1/4작은술, 깨소금 1/4작은술
후춧가루 1/8작은술)

만드는법

01 쌀가루에 물을 뿌려 쪄낸 다음 절구에 친 흰떡을 1cm 두께로 길게 민다. 참기름을 바르면서 나무칼로 허리를 잘록하게 썰어 작은 누에고치 모양의 조랭이떡을 만든다.

01 나무칼로 조랭이모양 떡 만들기

02 소고기(양지머리)는 대파와 마늘과 함께 물을 넉넉히 붓고 푹 고아 고기가 무르면 건져 가늘게 찢어서 고기양념으로 무친다. 국물은 식혀서 기름을 걷어 내고 8컵 정도 만들어서 국간장과 소금으로 간을 맞춘다.

03 달걀은 황 · 백지단을 부쳐 마름모꼴 모양으로 썬다음 고명으로 올린다.

04 02의 육수가 끓으면 조랭이떡을 넣어서 떡이 익어 떠오르면 그릇에 담고 양념한 고기와 달걀지단을 고명으로 올려 낸다. 쇠고기와 쪽파를 번갈아 끼워 양념한 파산적을 지져서 올리기도 한다.

- 남은 조랭이떡은 냉동보관하며 미리 찬물에 담구었다가 끓인다.
- 쌀가루를 쪄서 절구에 오래 쳐야 쫄깃해지며 만드는 동안 흰떡이 굳지 않도록 김 오른 찜통에 젖은 면보로 덮어 둔다.
- 떡국 고명으로는 고기산적, 달걀 황백지단, 양념한 편육채, 구운 김을 부수어 얹기도 하고 손쉽게 달걀줄알을 치기도 한다.

개성종갈비찜은 개성무찜이라고도 하며 무에 소고기, 돼지고기, 닭고기와 표고버섯, 밤, 대추, 은행, 호두 등을 함께 넣고 은근히 졸여내는 음식으로 무에 고기 맛이 배어들어 무맛이 일품이다. 개성지방의 종가집에서 경사스러운 날이면 손님들에게 대접하는 화려한 음식이다.

개성종갈비찜

재료 및 분량

무 300g
돼지갈비 300g
소고기 150g
닭고기 150g
표고버섯 3장
은행 7개
밤 7개
대추 7개
호두 3개
잣 1큰술
대파 1대

양념장

간장 1/2컵, 설탕 4큰술, 청주 2큰술, 다진 파 · 마늘 2큰술씩, 생강즙 1큰술
깨소금 1큰술, 참기름 2큰술, 후춧가루 1/2작은술

만드는 법

01 무는 3×5×1cm 크기로 썰어 끓는 소금물에 살짝 데친다.

02 돼지갈비는 한입 크기로 자르고 잔 칼집을 넣어 끓는 물에 데쳐내고, 소고기와 닭고기는 무와 비슷한 크기로 썰어 절반의 양념장을 넣고 버무린다.

03 표고버섯은 뜨거운 물에 불려 3~4등분 하고, 밤은 껍질을 벗기고 은행은 볶아 속껍질을 제거하고, 대추는 씨를 발라낸다. 달걀 황백지단은 마름모 모양으로 썬다.

04 냄비에 양념한 고기(소고기, 돼지갈비)를 담고 물을 재료가 잠기게 부어 끓이다가 닭고기, 무, 표고버섯과 남은 절반의 양념장, 대추, 밤, 호두를 넣고 중불에서 은근히 졸인다.

05 그릇에 담고 은행과 호두와 잣을 고명으로 올려 낸다.

02 돼지갈비에 잔 칼집 넣기

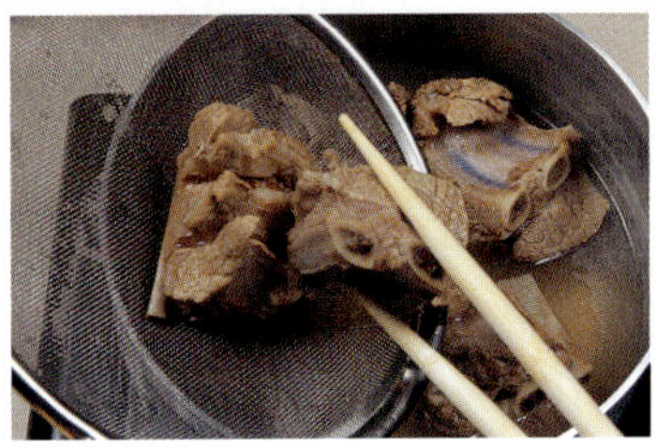
02 끓는 물에 돼지갈비 데쳐내기

• 반가에서는 갈비(乫飛)를 '가리' 라고 불렀다.

홍해쌈은 곱게 다진 소고기로 해삼과 홍합을 싼 다음 찜통에 쪄서 번철에 지져낸 개성지방의 화려한 찬물이다. 해삼과 홍합이 각각 남녀를 상징하는 것으로 썰어서 상에 올렸을 때 진귀한 조화로움을 나타낸다.

홍해쌈

재료및분량

소고기 300g
두부 70g
불린 홍합 80g
불린 해삼 100g
밀가루 3큰술
달걀 3개
식용유 1/2컵

양념장

소금 1작은술, 설탕 1작은술, 참기름 1큰술, 다진 파 2작은술
다진 마늘 1작은술, 후춧가루 1/4작은술

초간장

간장 2큰술, 식초 2큰술, 설탕 1작은술, 육수(물) 2큰술

04 소고기로 홍합과 해삼 싸기

05 김오른 찜통에 찌기

06 번철에 지지기

만드는법

01 두부는 면보에 싸서 물기를 제거한 다음 체에 내리고 소고기는 곱게 다진다.
02 불린 해삼은 깨끗이 씻어 3cm정도의 길이로 썰어 소금과 참기름으로 밑간을 한다.
03 홍합은 물에 불려 끓는 소금물에 데친 후 식혀 놓는다.
04 두부와 소고기를 고루 잘 섞어 양념장으로 양념한 다음 반을 나누어 한 쪽은 해삼, 다른 쪽은 홍합을 가운데에 놓고 주먹만하게 빚어 밀가루에 굴린다.
05 김오른 찜통에 04를 쪄낸 다음 식혀서 다시 밀가루에 굴리고, 달걀을 흰자와 노른자로 분리하여 해삼은 흰자로, 홍합은 노른자로 옷을 입힌다.
06 번철에 기름을 두르고 굴려가며 골고루 지진 다음 각각 썰고 초간장을 곁들여 낸다.

- 겉의 소고기 옷을 꼭꼭 주물러 잘 입혀야 쪄냈을 때 벌어지지 않는다.
- 통째로 꼬치에 꿰어서 제사상이나 고배상에 올리기도 한다.

족편은 굳혀서 썰은 모양이 떡처럼 보인다 하여 족병足餠 또는 교병膠餠이라고 하며 궁중연회나 일반 민가의 잔치 음식으로 이용되었던 일종의 동물성 묵이다. 오방색으로 수놓은 고명의 화려함이 맛과 멋을 한층 더 돋우는 찬품이다.

족편

재료 및 분량

우족 1개
소고기(사태) 300g

향신재료

대파 2대, 마늘 1통, 통후추 1작은술, 생강 1톨, 물 15ℓ

고명

대추 3개, 달걀 1개, 석이버섯 10g, 실고추 15g, 대파(푸른부분) 10g
잣 1큰술, 검정깨 1/2작은술

초간장

간장 2큰술, 식초 2큰술, 설탕 1작은술, 육수(물) 2큰술

겨자장

연겨자 1큰술, 물 1큰술, 식초 3큰술, 설탕 3큰술, 소금 1/4작은술
간장 1/4작은술

01 우족 삶기

02 삶은 우족 뼈 추리기

02 삶은 사태살 굵게 다지기

04 고명 얹어 굳히기

만드는법

01 우족은 5cm 정도로 토막내어 끓는 물에 튀했다가 찬물로 헹군 후 대파, 마늘, 통후추, 생강을 넣고 찬 물을 부어 약 5시간 이상 푹 삶는다. 삶는 도중 위에 떠오르는 거품과 기름기를 제거하고 우족이 반쯤 물렀을 때 사태를 넣어 같이 푹 삶는다.

02 푹 삶아지면 우족의 뼈를 추려낸 후 뼈에 붙은 살(홀데기)과 사태를 굵게 다져 넣은 후, 소금, 후춧가루, 생강즙으로 간을 하여 다시 1시간 정도 삶은 후 식힌다.

03 대추는 젖은 행주로 닦아 돌려 깎아 곱게 채치고, 석이버섯도 손질하여 곱게 채친다. 잣은 고깔을 떼어 놓고, 달걀은 황백 지단을 부쳐 곱게 채 썬다.

04 네모난 그릇에 물을 고루 묻히고 건지를 부은 후, 위에 고명으로 잣, 실고추, 황백지단, 대추채, 파채, 석이버섯채, 검정깨 등을 골고루 흩뿌려 얹어서 차게 식혀 굳힌다. 초간장과 겨자장을 곁들여 낸다.

- 족편의 굳힘을 더 강하게 하기 위해서 한천이나 젤라틴을 녹여서 첨가하면 좋다.
- 연겨자 대신 겨자가루를 물로 개어 따뜻한 곳에 두었다가 매운 맛이 나면 물 · 설탕 · 소금 · 간장으로 간하고 식초로 농도를 맞추어 사용한다.

개성보쌈김치는 배춧잎을 절여 여러 가지 해물, 채소, 과일 등 산해진미의 속재료를 넣고 꼭꼭 싸서 담근 화려한 김치로 맛과 영양이 풍부하다. 속재료들을 먹기 좋은 크기로 썰어 양념에 버무려 담기 때문에 손이 많이 가지만 상에 낼 때는 썰 필요없이 하나씩만 담아내므로 편리하다.

개성보쌈김치

재료및분량

절인 배추 1포기

속재료

무 200g, 밤 4개, 배 1/2개, 미나리 50g, 실파 30g, 갓 80g, 낙지다리 100g
굴 100g

고명 대추 4개, 잣 1큰술, 석이버섯 4장

김치양념 고춧가루 1컵, 새우젓 1/2컵, 소금 1큰술, 마늘 6쪽, 생강 1톨

만드는법

01 배추를 소금에 절여 씻어 물기를 뺀 후 잎부분은 보자기용으로 자르고 윗줄기 부분은 3×3×0.3cm로 썬다.

02 무와 배도 배추와 같은 크기의 편으로 썬다.

03 갓, 미나리, 실파는 3cm 길이로 썬다.

04 밤은 동글납작하게 편으로 썰고, 대추는 곱게 채 썰고, 잣은 고깔을 뗀다.

05 굴은 소금물에 담가 씻어 물기를 빼고, 낙지 다리는 소금으로 문질러 씻어 3cm 길이로 썬다.

06 석이버섯은 뜨거운 물에 불려 이끼와 뿌리를 제거한 후 곱게 채 썬다.

07 마늘과 생강은 채 썰고 일부는 다져서 고춧가루, 새우젓과 함께 고루 섞어 김치양념을 만든다.

08 배추와 무는 07의 양념으로 넣어 버무린 후 갓, 미나리, 실파, 배, 굴, 낙지를 고루 섞어 김치속을 만든다.

09 김치보시기에 절인 배춧잎을 깔고 08의 김치속 버무린 것을 집어 넣고 소복하게 채운다.

10 그 위에 석이버섯채, 대추채, 잣을 고명으로 얹고 펼쳐진 배춧잎 보자기로 한장씩 차례로 꼭 덮어 싸고 2~3일 후 삼삼한 소금물을 보쌈김치가 절반 정도 잠기도록 붓는다.

11 상에 낼 때는 덮어 쌌던 배춧잎의 끝을 젓가락으로 모양있게 접어 넣어 배추속이 잘 보이도록 한다.

02 무와 배추 썰기

04 고명 준비하기

08 김치속 버무리기

10 배춧잎 보자기로 싸기

- 원래 개성지방에서는 잎이 넓은 개성배추로 담그는 '쌈김치' 가 보쌈김치로 이름이 바뀌었다 한다.
- 2~3일 후 국물을 부을 때 양지머리 육수나 다시마육수, 북어육수를 사용하여 새우젓국으로 간을 맞추기도한다.

강화순무김치는 배추꼬리의 달짝지근한 맛과 인삼의 쌉싸름한 맛, 겨자의 특이한 향을 갖고 있는 강화 지방의 순무로 담근 김치이다. 순무는 이뇨와 소화작용을 돕고 숙취와 갈증해소, 눈과 귀를 밝게 하는 효능을 갖고 있다.

강화순무김치

재료및분량

순무 10개(4kg)
굵은 소금 $1\frac{1}{2}$컵(270g)
물 1ℓ
쪽파 1/2단(200g)
대파 3대(90g)

김치양념

고춧가루 $1\frac{1}{2}$컵(135g), 마늘 2통(80g), 생강 2톨(50g), 밴댕이젓 1컵(240g)
생새우 살 100g, 설탕(매실청) 2큰술

01 순무 썰기

02 소금물로 절이기

05 김치양념 만들기

05 김치양념으로 버무리기

만드는법

01 순무의 잔털은 다듬고 반으로 갈라 도톰하게 썰어 소금물에 살짝 절인다.

02 무청은 4cm길이로 썰어 순무와 함께 소금물에 살짝 절인다.

03 쪽파는 3~4cm 길이로 썰고 대파는 흰 부분을 어슷하게 채 썬다.

04 밴댕이젓은 젓국을 짜고 건진 후 곱게 다진다.

05 절인 순무에 고춧가루를 넣어 고춧물을 들인 후 고춧가루, 쪽파, 다진 마늘과 생강, 다진 생새우와 밴댕이젓국, 설탕을 넣고 소금간을 더하여 김치양념으로 버무린 다음 항아리에 꼭꼭 눌러 담는다.

06 김치를 버무렸던 그릇을 삼삼하게 한 소금물로 헹구어 항아리에 붓고 잘 익힌다.

- 순무는 봄과 가을에 2번 파종하여 수확하는데 모양이 삼각형으로 무청의 길이가 길며 겉은 적자색이나 속은 흰색을 띠고 있다.
- 설탕(매실청) 대신 인공감미료를 쓰면 무김치가 익으면서 내는 거품과 실이 생기지 않는다.

수삼나박지는 납작납작하게 썬 수삼과 무, 오이, 배에 수삼의 잔뿌리를 갈아 국물로 넣고 만든 국물김치로 담백하고 싸한 맛이 감도는 기품있는 찬물이다. 주로 교자상, 떡상, 죽상차림에 곁들인다.

수삼나박지

재료및분량

수삼 150g (반채)
배 300g
무 200g
오이 250g
홍고추 2개
식초 3큰술
설탕 1작은술(감미료 1/8작은술)
꽃소금 3큰술
생수 9컵

01 재료 준비하기

만드는법

01 수삼은 껍질을 긁어내고 잔뿌리를 다듬어 낸 후 깨끗이 씻어 길이 5cm, 폭 2cm, 두께 0.2cm로 썬다.
02 배, 무, 오이도 같은 크기로 썬다. 홍고추는 3cm 길이로 곱게 채 썬다.
03 수삼과 무에 소금을 뿌려 살짝 절인다.
04 떼어낸 수삼 잔뿌리에 물을 넣고 갈은 것을 면보에 부어 거른다.
05 생수에 설탕, 소금, 식초, 04의 수삼물을 잘 섞어 나박지 국물을 만든다.
06 절인 수삼과 무, 오이, 배에 나박지 국물을 붓고 삼삼하게 소금 간을 한다.

02 나박지 재료 같은 크기로 썰기

03 재료를 소금에 살짝 절이기

06 나박지 국물 붓기

- 수삼은 잔뿌리가 많지 않고 전체적으로 몸통 굵기가 고른 것이 좋다.
- 식성에 따라 대파 흰부분과 미나리, 생강, 마늘을 약간 넣기도 한다.

감동젓무는 아주 작고 연한 새우젓인 곤쟁이젓 즉, 감동젓으로 담근 깍두기를 말한다. 섣달그믐 쯤에 묻어 둔 무를 꺼내 골패쪽으로 썰어 곤쟁이젓을 넣고 갖은 해물과 과실을 넣어 만든 세찬으로 귀한 선물용으로도 보내주던 김치이다.

감동젓무

재료및분량

배추 1포기(2.5kg)
무 1/4개(400g)
굵은 소금 1컵
쪽파 50g
미나리 50g
오이 1개
배 1/2개
밤 4개(80g)
잣 1큰술
생굴 200g
낙지 200g
전복 1마리
북어 1/2마리

김치양념

고춧가루 $1\frac{1}{2}$컵(135g), 감동젓(자하젓) 1컵, 설탕 2큰술, 실고추 5g
다진 마늘 4큰술, 다진 생강 2큰술, 꽃소금

만드는법

01 배추는 겉잎과 속잎은 빼고 중간잎만 2×2cm로 썰고, 무와 배, 오이는 2×2cm 크기로 나박 썰고, 쪽파와 미나리도 2cm 길이로 썬다. 밤도 껍질을 벗겨 편으로 썬다.

02 배추는 소금물에 절여 헹구어 물기를 빼고, 오이도 소금물에 살짝 절이고 무와 배는 설탕을 뿌려 20분 정도 둔다.

03 절인 배추, 배와 무를 한데 섞어 고춧가루로 색을 들인다.

04 북어는 물에 불려 껍질을 벗기고 2cm 폭으로 썰고 생굴은 엷은 소금물에 씻어 물기를 뺀다.

05 낙지는 소금으로 문질러 씻어 먹통과 내장을 빼고 3cm 길이로 썰며 전복도 소금으로 문질러 씻고 껍질에서 살을 떼어 어슷하고 얇게 저며 썰어서 색을 낸 배추와 무에 넣는다.

06 나머지 재료와 고춧가루, 감동젓(자하젓), 다진 마늘과 생강 등의 김치양념을 넣고 살짝 버무려 항아리에 꼭꼭 눌러 담고 배추 우거지를 덮어서 익힌다.

- 이른 봄 묵은 김장김치가 떨어질 즈음 산뜻하게 담궈 먹는 입맛을 돋구는 김치이다.
- 해물이 많이 들어가면 쉽게 익어 버리므로 오래 두고 먹기에는 적합하지 않다.

01 배추, 무 나박 썰기

02 소금물에 절이기

03 고춧가루로 색 내기

04 북어 껍질 벗기기

05 손질한 재료 섞기

06 김치양념으로 버무리기

개성주악은 찹쌀가루와 밀가루를 막걸리로 되직하게 반죽하여 빚어서 기름에 튀겨낸 떡으로 우메기라고도 불린다. 개성지방에서는 약과와 모약과 등과 함께 귀한 손님을 대접할 때나 잔칫상, 폐백, 이바지 음식 등에 빠지지 않고 사용한다.

개성주악

재료및분량

참쌀 500g(찹쌀가루 800g)
소금 2작은술
밀가루 1컵
막걸리 1컵
설탕 2큰술
뜨거운 물 1/2컵
식용유 적당량

집청시럽

조청 5컵, 물 1/2컵, 생강 50g

고명

대추 5개

만드는법

01 찹쌀은 깨끗이 씻어 충분히 불려서 건져 소금을 넣고 가루로 곱게 빻아 체에 내리고 밀가루와 설탕을 잘 섞은 후 다시 한 번 체에 내린다.

02 막걸리를 따뜻하게 중탕하여 01의 찹쌀가루에 넣어 고루 섞고 막걸리의 양이 모자라면 끓는 물을 부어 가며 익반죽을 하여 한참 치댄다.

03 조청에 물과 편으로 썬 생강을 넣고 한소끔 끓으면 잠시 더 끓게 두었다가 바로 불에서 내린다.

04 대추는 살만 돌려가며 깍아 낸 후 작은 조각으로 썬다.

05 찹쌀 반죽을 직경 3cm 크기로 동그랗게 빚어 가운데를 손으로 눌러 모양을 만든 다음 기름을 바른 쟁반 위에 놓는다.

06 튀김용 팬에 기름을 붓고 160℃에서 빚어 놓은 반죽을 서로 붙지 않게 하나씩 넣어 노릇하게 튀겨 기름을 뺀다.

07 튀긴 주악을 집청시럽에 넣어 고루 묻힌 후 체에 받쳐 여분의 조청을 빼고 대추 조각을 하나씩 중앙에 고명으로 박는다.

01 찹쌀 불려 빻기

01 찹쌀가루 체 내리기

02 막걸리로 반죽하기

• 주악은 튀기는 온도가 너무 높으면 껍질이 터져 버리므로 주의한다.
• 튀김 냄비에 반죽을 한꺼번에 많이 넣으면 서로 달라 붙으므로 주의한다.

송화밀수

재료 및 분량

송홧가루 4큰술
물 4컵
꿀 4큰술
잣 1작은술

만드는 법

01 물을 끓여 차게 식혀서 꿀을 타 놓는다.

02 꿀물에 송홧가루를 넣고 잘 풀어 잣을 띄워 낸다.

01 물에 꿀 섞기

02 꿀물에 송홧가루 넣어 젓기

송화밀수松花蜜水는 소나무의 꽃인 송홧가루를 꿀물에 타서 잣을 띄운 것으로, 여름철에 더위를 식혀주는 향기가 뛰어난 궁중의 음료이다. 송화는 한방에서 맛은 달고 성질은 따뜻하며 풍사風邪를 몰아내고 원기를 북돋우며 습濕을 거두고 지혈한다. 현기증, 위통, 오래된 이질, 창 · 외상출혈을 치료한다고 알려져 있다.

- 송홧가루를 꿀물에 미리 타 놓으면 가라 앉으므로 먹기 전에 타서 잘 저어 마신다.
- 송홧가루는 밀수 뿐만 아니라 다식, 산자의 고물, 송화차, 송화주를 만드는데 이용된다.

올챙이국수
콧등치기국수
감자옹심이
오징어순대
오징어구이
새송이버섯구이
감자부침
더덕구이
더덕생채
늙은호박찜
북어식해
감자송편
감자경단

육류나 젓갈을 적게 쓰고 멸치나 조개를 넣어 음식의 맛을 내기 때문에
맛이 극히 소박하고 담백하다.

강원도

감자송편

올챙이국수는 옥수수전분으로 죽을 쑤어 바가지 구멍을 통해 찬물이 담긴 자배기에 밀어 내리면 똑똑 떨어져서 묵이 되는데 그 굳은 형태가 마치 올챙이와 비슷하다고 해서 붙여진 이름이다. 매끄러운 감촉과 구수한 맛이 여름철 별미로 사랑받고 있다.

올챙이국수

재료및분량

말린 옥수수 5컵 (옥수수전분 3컵)
물엿 1큰술

양념장

간장 2큰술, 고춧가루 1큰술, 다진 파 1큰술, 다진 마늘 1/2큰술
깨소금 1큰술, 참기름1큰술, 다진 풋 · 홍고추 1/2개씩

만드는법

01 말린 옥수수는 끓는 물에 잘 불려서 맷돌이나 믹서기에 물을 넣고 곱게 갈아준다.

02 갈은 옥수수는 가라앉혀 윗물을 따라 버리고 앙금만을 받는다.

03 가라앉혀 얻은 옥수수 앙금과 물을 큰 솥에 넣고 중불에서 계속 주걱으로 저으면서 죽을 쑨다.

04 풀럭풀럭 끓어 오르면서 차진 빛이 많이 나도록 젓고 마지막에 물엿을 넣는다.

05 죽을 구멍이 여러개 나있는 바가지에 넣고 찬물이 담긴 자배기 위에서 주걱으로 바가지 구멍을 통하여 올챙이 모양의 묵이 물 위로 떨어지게 한다.

06 건져서 열무김치와 김칫국물, 냉콩국에 말아 먹거나 양념장에 비벼 먹기도 한다.

- 옥수수전분을 사용하면 아주 편리하며 옛부터 옥수수는 재배가 용이하고 열량이 높아 배가 부르며 소화가 잘되어 척박한 산간지방의 주식으로 이용되어 왔다.

콧등치기국수

콧등치기국수는 메밀칼국수의 일종으로 일명 메밀칼싹두기라고 한다. 국수가락이 두껍고 억세어서 후루룩 들이키면 국수가 콧등을 친다고 해서 붙여진 이름으로 정선장 좌판의 애환이 서린 음식이다.

재료 및 분량

메밀가루 2컵, 밀가루 1컵(전분 1/2컵)
배추김치 300g, 애호박1/2개, 감자 2개(300g)
김 1장, 국간장 2큰술 , 소금 1큰술
후춧가루 1/8작은술, 다진 파 1큰술
다진 마늘 1작은술

다싯물

멸치 30g, 다시마(사방 10cm) 1장, 물 2ℓ

양념간장

간장 4큰술, 송송썬 쪽파 2큰술, 참기름 2큰술
깨소금 1큰술

만드는 법

01 멸치는 내장을 떼고 다시마와 같이 물에 우려 물이 끓으면 다시마는 건져내고 한소끔 15분 정도 더 끓여 12컵 정도의 다싯물을 만든다.

02 메밀가루와 밀가루는 소금과 뜨거운 물 1컵을 넣고 익반죽한 후 반죽을 비닐봉지에 사서 숙성시킨 후 밀대로 두껍게(5mm) 밀어 칼국수 너비로 썬다.

03 애호박과 감자는 가늘게 채썰고 김은 구워 부숴 둔다.

04 배추김치는 잘게 썰어 다진 파와 마늘, 고춧가루와 참기름으로 양념한다.

05 01의 다싯물이 끓으면 국수와 감자, 애호박을 넣어 한소큼 끓이고 국간장으로 간을 맞춘다.

06 국수를 그릇에 담고 배추김치와 김 부순 것을 고명으로 올리고 분량의 재료를 함께 섞은 양념간장을 곁들여낸다.

- 반죽시 메밀가루에 밀가루나 전분을 섞어야만 면발이 쉽게 끊어지지 않는다.
- 면발을 가늘게 썰면 강원도의 대표적인 음식인 막국수이다.

감자옹심이

재료및분량

감자 5개, 감자전분 5큰술
홍고추 1/3개(또는 실고추 2g), 애호박 1/3개
대파 1뿌리 , 국간장 2큰술, 청주 2큰술
소금 1/2큰술

다시물

멸치 30g, 다시마(사방 10cm) 1장, 물 2ℓ

양념간장

간장 4큰술, 송송썬 쪽파 2큰술, 참기름 2큰술
깨소금 1큰술

만드는법

01 멸치는 내장을 떼고 다시마와 같이 물에 우려 물이 끓으면 다시마는 건져내고 한소끔 더 끓여 12컵 정도의 다싯물을 만든다.

02 감자(4/5)는 껍질을 벗기고 강판에 간 후 면보로 짜서 건더기와 국물을 분리한다.

03 국물은 따로 받아 앙금을 가라 앉힌다.

04 감자건더기와 국물의 하얀 앙금과 전분에 소금과 물을 섞어 반죽하여 직경 2cm로 동그랗게 완자를 만든다.

05 나머지감자(1/5)와 호박은 0.5cm 두께의 은행잎모양으로 얇게 썬다.

06 01의 다시물이 끓으면 국간장과 청주로 간을 한다. 동그랗게 빚은 완자와 감자를 넣어 투명하고 동동 떠오를 때까지 삶은 후 호박을 넣고 한소끔 더 끓인다. 곱게 채썬 홍고추를 고명으로 올린다.

06 분량의 재료를 함께 섞은 양념간장을 곁들여낸다.

• 멸치다시물에 양파나 표고버섯을 넣고 함께 끓여도 좋다.

감자옹심이는 감자새알심의 방언으로 갈은 감자 건지에 전분을 섞어서 반죽하여 동그랗게 만들어 끓인 일종의 감자수제비이다. 쫄깃하며 부드러운 옹심이의 맛이 일품으로 고향의 그리움이 묻어나는 음식이다.

오징어순대는 작은 오징어를 선택하여 그 몸통에 다리를 비롯한 여러 가지 재료를 소로 채워 쪄낸 일종의 순대와 비슷한 강원도의 대표적인 토속음식으로 손꼽힌다.

오징어순대

재료및분량

오징어 3마리
두부 70g
소고기 80g
숙주 50g
표고버섯 3개
풋고추 2개
부추 20g
홍고추 1개
달걀 1개
밀가루(전분) 3~4큰술
꼬치 3개

소양념
소금 1큰술, 다진 파 2작은술, 다진 마늘 1작은술, 참기름 1작은술
깨소금 1작은술, 후춧가루 1/8작은술

초간장
간장 2큰술, 식초 2큰술, 설탕 1작은술, 육수(물) 2큰술

만드는법

01 오징어는 배를 가르지 않고 다리를 당겨 속을 깨끗이 씻고 내장은 떼어 낸다.
02 다리는 끓는 물에 데쳐 내어 잘게 다진다.
03 두부는 으깨어 물기를 짜고 소고기는 곱게 다진다.
04 숙주는 삶아서 송송 썰어 물기를 짠다. 표고버섯은 뜨거운 물에 불려 다진다.
05 풋고추와 홍고추는 갈라서 씨를 빼고 다진다.
06 오징어 다리, 두부, 소고기, 숙주, 표고버섯, 고추를 합하여 양념으로 간을 한다. 여기에 달걀을 넣고 고루 섞은 다음 한참 치대어 소를 만든다.
07 오징어의 몸통 속을 마른 행주로 잘 닦아 밀가루(전분)를 묻혀 06의 소를 2/3 정도만 채워 넣고 꼬치로 입구를 꿰어 둔다.
08 김이 오른 찜통에 속을 채운 오징어를 넣어 찐다음 식으면 1cm 두께로 둥글게 썬다. 초간장을 곁들여 낸다.

- 소를 넣은 후 찌기 전에 오징어 몸통 전체에 바늘침을 주어서 쪄내어야 익으면서 순내 속에 생기는 수분이 밖으로 빠져 나온다. 또한, 식으면서 내용물이 단단해지고 속과 몸통이 분리되지 않는다.
- 소에 찹쌀밥이나 전분을 약간 넣고 섞어 쪘을 때 속이 흩어지지 않는다.

01 오징어 손질하기

07 오징어 몸통에 소 채우기

07 입구를 꼬치로 꿰기

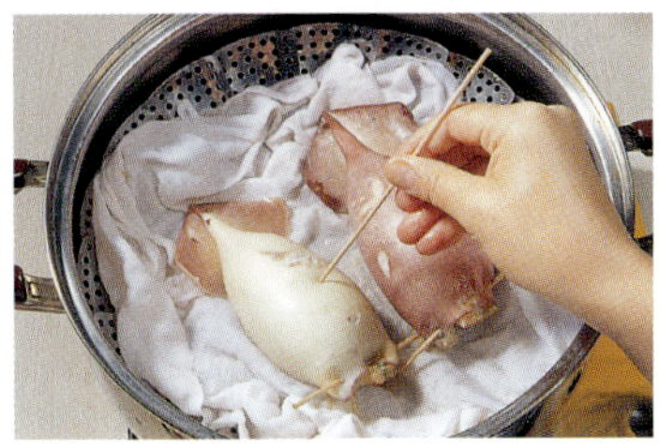
08 오징어 몸통에 바늘침 주기

오징어구이

오징어구이는 동해안 지방에서 가장 흔하게 잡히는 오징어를 고추장으로 양념하여 석쇠에 구워내는 요리로 최상의 안주로 꼽힌다. 오징어에 양파와 깻잎, 풋고추 등의 채소를 넣고 같이 볶으면 오징어불고기가 된다.

재료및분량

오징어 2마리
대파 3대
식용유 2큰술

양념장

고추장 3큰술, 고춧가루 1큰술, 설탕 1.5큰술, 다진 파 · 마늘 1큰술씩, 참기름 1큰술, 깨소금 1큰술, 다진 생강 1작은술, 후춧가루 1/8작은술

만드는법

01 양념장 재료를 고루 섞어 구이 양념장을 만든다.

02 오징어는 몸통을 반으로 갈라 내장을 빼고 껍질을 벗겨 씻은 다음 안쪽에 대각선으로 촘촘히 칼집을 넣은 후 양념장에 20분간 재워둔다.

03 뜨겁게 달군 번철이나 석쇠에 양념장으로 재운 오징어를 굽다가 한입 크기로 자른다.

04 곱게 채 썬 대파를 찬물에 담구었다가 물기를 없앤 후 곁들여 낸다.

• 오징어는 반드시 몸통 안쪽에 칼집을 넣어야 익었을 때 모양이 나고 질겨지지 않으며 소화도 용이해진다.

새송이버섯구이

재료및분량

(새)송이버섯 200g
은행 10알
소금 1/2작은술

만드는법

01 (새)송이버섯은 물행주로 살살 닦아낸 후 얇게 썬다.

02 반컵 정도의 물에 소금을 1/2작은술 정도 넣고 잘 녹인다.

03 (새)송이버섯을 소금물에 약간 적신 후 석쇠나 번철 위에 얹고 7~8부 정도 익힌다.

04 익힌 (새)송이버섯을 소금이나 초간장에 살짝 찍거나 그냥 먹는다.

05 기름에 볶아 속껍질을 벗긴 은행을 곁들여 낸다.

송이버섯구이는 원래 송이버섯 그 자체의 향기와 맛을 음미하여 한철만 즐길 수 있는 귀한 요리이다. 요즘은 냉동송이나 송이버섯 대신 새송이버섯으로 대체하고 있어 대중적인 요리가 되었다.

• 송이의 향기와 맛을 그대로 음미할 수 있도록 마늘이나 참기름 등의 과도한 양념 사용은 오히려 송이향이 줄게 되므로 피한다.

감자부침은 감자를 강판에 갈아 번철에 지져 먹으며 주식으로도 손색이 없으면서 누구나 좋아하는 강원도의 토속음식이다. 여름철 감자가 많이 날 때 수확하여 상처가 나서 오래 두기 힘든 감자를 많이 이용하며 여분의 감자를 썩혀서 물을 자주 갈아 주어 앙금을 가라 앉힌 후 감자전분을 만들기도 한다.

감자부침

재료 및 분량

감자 5개
홍고추 2개
풋고추 2개
부추 20g
소금 1작은술
참기름 1큰술
식용유 적당량

초간장
간장 2큰술, 식초 2큰술, 설탕 1작은술, 육수(물) 2큰술

만드는 법

01 감자는 껍질을 벗겨 강판에 갈아 두고 웃물이 생기면 따라낸다.
02 홍고추와 풋고추는 동글동글하게 썰어 씨를 털어내고, 부추는 길이 1cm 정도로 썬다.
03 갈은 감자는 홍고추와 풋고추, 부추를 넣고 골고루 섞어 소금과 참기름으로 간을 맞춘다.
04 달구어진 번철에 식용유를 두르고 반죽을 한 국자씩 떠놓아 5~6cm 정도로 펴 놓고 지진다.
05 밑이 노릇노릇하게 익으면 뒤집어 지져 낸다.
06 양념간장이나 초간장을 곁들여 낸다.

04 번철에서 지지기

• 감자부침의 반죽이 질어서 잘 부쳐지지 않으면 감자녹말을 넣어 농도를 조절하면 부치기 쉽다. 감자부침은 뜨거울 때 먹어야 제 맛이 난다.

더덕구이는 더덕을 얇게 두들겨 펴서 고추장양념을 발라 구운 채소류 구이의 대표적인 음식으로 향기가 좋은 고급 찬물이다. 소금물에 담가 쓴맛을 빼고 부드럽게 하여 유장으로 애벌굽고 고추장양념을 덧발라 약한 불에서 서서히 굽는 것이 구이 특유의 조직감을 살린다.

더덕구이

재료및분량

더덕 5뿌리(150g)
유장
간장 1작은술, 참기름 1큰술, 식용유 1큰술
고추장양념
고추장 3큰술, 설탕 2큰술, 다진 파 1큰술, 다진 마늘 1작은술
깨소금 1/2작은술, 참기름 1작은술

01 방망이로 더덕 펴기

만드는법

01 더덕은 껍질을 돌려가며 벗겨, 길이로 반을 가르고 소금물에 잠시 담가 두었다가 건져서 방망이로 자근자근 두들겨 편편하게 편 후 물기를 없앤다.
02 손질하여 물기를 없앤 01의 더덕에 유장을 발라 둔다.
03 고추장, 다진 파 · 마늘, 깨소금, 참기름, 설탕을 넣어 고추장양념을 만든다.
04 달군 석쇠에 기름을 바르고 02의 유장바른 더덕을 애벌 굽는다.
05 애벌구이한 더덕에 고추장양념을 발라서 타지 않게 석쇠를 상하좌우로 움직여가면서 구운 다음 더덕의 모양을 살려서 담아낸다.

04 유장바른 더덕 애벌 굽기

05 고추장 양념한 더덕 굽기

- 더덕은 껍질을 벗겨 쓴맛을 빼기 위해 소금물에 잠시 담근 후 길이로 반 갈라 방망이로 자근자근 두들기거나 밀어 펴서 부서지지 않게 한다.
- 고추장양념을 발라 구울 때 양념장이 묽어지지 않도록 주의하며 가장자리가 잘 타므로 불 조절에 유의한다.

더덕생채는 더덕을 소금물에 담구어 쓴맛을 우려낸 후 물기를 없애고 두들겨 가늘게 찢어서 매콤새콤하게 무친 생채로 입맛을 돋구는 찬물이다. 고춧가루를 전혀 넣지 않고 흰색으로 무쳐 두가지 색의 생채를 한 그릇에 어울려 담기도 한다.

더덕생채

재료및분량

통더덕 100g

양념장

다진 파 1큰술, 다진 마늘 1/2큰술, 고춧가루 1큰술, 고추장 1/2작은술
소금 1/4작은술, 설탕 2큰술, 식초 2큰술, 깨소금 · 참기름 1/2작은술씩

02 더덕 밀어 펴기

만드는법

01 더덕은 돌려가면서 껍질을 벗기고 길이로 반을 갈라 소금물에 담가 쓴맛을 우려낸 다음 물기를 없앤다.

02 물기를 없앤 더덕은 방망이로 자근자근 두드리거나 밀어 편편하게 편다.

03 편편하게 편 더덕을 꼬치로 가늘고 길게 찢는다.

04 마늘, 파를 곱게 다져 고춧가루, 고추장, 소금, 설탕, 식초, 깨소금, 참기름을 합하여 양념장을 만들어 둔다.

05 곱게 찢은 더덕에 고운 고춧가루를 뿌려 미리 붉게 물을 들인다.

06 더덕에 간이 잘 배이도록 양념장을 골고루 넣어 가면서 가볍게 무쳐서 부풀려 담는다.

03 더덕 가늘게 찢기

05 고춧가루로 (미리) 물들이기

• 고춧가루가 뭉치지 않게 고춧가루를 고운 체에 내리고, 양념장을 잘 섞어 살살 무쳐 낸다.

늙은호박찜은 호박 속에 약재 우린물로 지은 약찰밥과 여러가지 견과류를 소로 넣고 쪄내는 정성과 시간을 요하는 요리이다. 영양적인 우수성과 약리적인 기능성을 민간에서 쉽게 이용할 수 있는 보양요리로 널리 애용되고 있다.

늙은호박찜

재료및분량

늙은 호박 (중간크기) 1통
소
약찰밥 3컵, 꿀 1컵, 대추 10개, 밤 5개, 호두 3개
은행 20알, 잣 2큰술
약재 우린물
맥문동 20g, 감초 5g, 육계 15g, 물 10컵

01 호박씨와 속 파내기

03 호박 속에 소 넣기

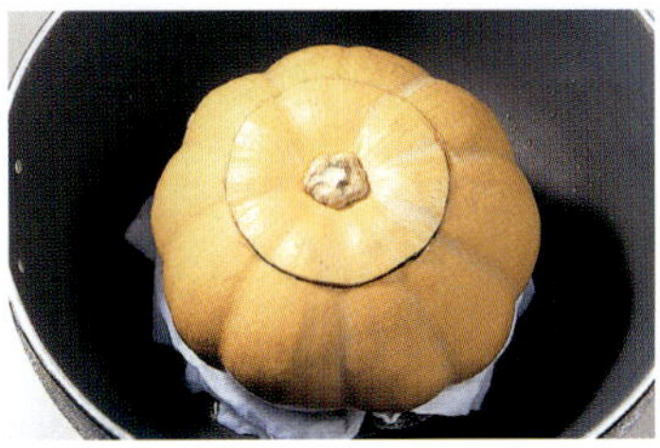

04 찜통에 호박 앉혀 쪄내기

만드는법

01 늙은 호박은 깨끗이 씻어 꼭지부분을 도려낸 다음 호박씨와 속을 수저로 깨끗이 파낸다.

02 10컵의 찬물에 맥문동, 감초, 육계 등의 약재를 넣고 1시간 정도 은근하게 끓인 다음 면보에 거른다. 물에 불린 찹쌀과 약재 우린물을 동량으로 넣고 고슬고슬하게 약찰밥을 짓는다.

03 호박 속에 02의 약찰밥과 대추, 꿀, 은행, 잣, 밤, 호두 등의 견과류를 고루 섞어 넣고 도려낸 꼭지 부분을 다시 덮는다.

04 호박이 들어갈 정도의 속이 깊은 찜통을 준비해 물을 붓고 삼발이나 대나무 발 위에 속을 채운 호박을 넣고 호박이 익을 때까지 중불에서 은근하게 1시간 이상 찐다.

- 늙은 호박 대신 단호박을 이용해도 좋다.
- 산후회복을 위해 산모는 호박씨와 속을 파내지 않고 쪄서 먹어야 부기해소의 효능을 제대로 발휘할 수 있다.

북어식해는 북어에 엿기름과 곡물을 넣어 삭혀 고춧가루와 갖은 양념으로 버무려 붉고 맵게 만든 동해안 쪽의 음식으로 소금을 침장원으로 사용하는 젓갈류와는 달리 곡류를 혼합해 숙성 발효시킨 음식이다. 그래서 이름도 곡식을 의미하는 "식食" 자와 어육으로 담근 젓갈 "해醢" 자를 합쳐서 쓴다.

북어식해

재료 및 분량

북어포 2마리
무 300g(무말랭이 80g)
엿기름가루 1/2컵
메좁쌀 1컵

양념

다진 파 50g, 다진 마늘 50g, 고춧가루 1.5컵, 생강 1톨
소금(카나리액젓) 2큰술, 조청 4큰술

만드는 법

01 북어는 찬물에 불려 머리와 지느러미를 잘라 내고 가시를 바른 다음 4cm 크기로 토막 낸다.

02 무는 씻어 크기 3×5cm, 두께 1cm 로 썰어 소금과 물엿에 절이고 파, 마늘, 생강은 곱게 다진다.

03 메좁쌀은 깨끗이 씻어 일어 밥을 되직하게 짓고, 엿기름은 체에 쳐서 고운가루로 만든다.

04 절인 무와 북어는 물기를 꼭 짠다.

05 넓은 그릇에 무와 고춧가루를 먼저 버무려 붉은색이 나면 식힌 메조밥, 손질한 북어, 엿기름가루, 다진 파 · 마늘, 생강, 소금, 카나리액젓, 조청 등의 양념을 넣어 고루 버무린다.

06 버무린 북어를 항아리에 꼭꼭 눌러 담아 3~4일간 따뜻한 곳에서 삭힌다.

01 북어 손질하여 토막 내기

03 엿기름 체에 치기

05 양념에 버무리기

감자송편은 감자가 많이 생산되는 강원도 지방의 전통음식이다. 감자를 갈아서 만든 앙금과 건지를 섞어서 되직하게 반죽하거나 감자녹말을 익반죽하여 팥이나 강낭콩으로 소를 넣고 송편처럼 빚어서 찐다. 강릉에서는 이 떡을 빚을 때 손자국을 내어 소박한 멋을 내기도 하며 북쪽에서는 언 감자를 녹여 만들기도 한다.

감자송편

재료 및 분량

감자녹말 5컵
소금 1작은술
참기름 5큰술
끓는 물 1컵
소
강낭콩 · 완두콩 1컵씩, 설탕 1큰술씩, 소금 1/2작은술씩

01 감자녹말 익반죽 하기

만드는 법

01 감자녹말에 소금을 넣고 끓는 물로 익반죽하여 비닐봉지에 넣어 둔다.
02 붉은 강낭콩과 완두콩은 씻어 각각 설탕과 소금을 넣고 고루 섞어 간을 하여 소를 만들어 둔다.
03 반죽을 한입 크기로 떼어 둥글게 빚은 후 가운데에 우물을 파서 소를 넣고 두 손으로 꼭꼭 눌러준다.
04 김이 오른 찜통에 젖은 베보자기를 깔고 빚어 놓은 송편을 얹어 김이 오르면 20분 정도 알맞게 쪄서 뜨거울 때 꺼내어 참기름을 바른다.

03 반죽에 소 넣기

03 빚은 송편 꼭꼭 누르기

- 재료로 쓰는 감자녹말을 만들 때에는 깨끗하고 좋은 감자를 골라 껍질을 벗긴 후, 강판에 갈아서 건더기를 베보자기에 싸서 꼭 짜내고, 그 물을 가라앉혀 웃물을 따라 내고 앙금을 말려 가루로 만든다.
- 회색의 감자녹말은 가정에서 만든 것으로 시판되는 흰색의 감자녹말보다 맛이 좋다.
- 감자송편은 참기름을 넉넉하게 발라 뜨거울 때 먹어야 제 맛을 즐길 수 있다.

감자경단은 강원도의 특산물인 감자를 찐 다음 으깨어 동그랗게 빚어서 콩고물이나 흑임자고물에 굴린 것으로 찹쌀경단보다 훨씬 부드러워 입안에서 녹는 맛이 일품이다. 찐 감자를 으깨어 만든 것은 삶아서 빚은 감자경단보다 훨씬 쫄깃하며 색다른 맛이 난다.

감자경단

재료및분량

감자 1kg
소금 1큰술
설탕 1큰술

고물

노란 콩가루 1컵, 푸른 콩가루 1컵, 흑임자 분말 1컵, 설탕 고물마다 2큰술씩
소금 1/8작은술씩

01 감자 삶기

만드는법

01 감자는 껍질을 벗겨 깨끗이 씻어 김 오른 찜통에 푹 찌거나 냄비에 물을 잠길 정도로 붓고 삶는다.

02 익힌 감자에 소금과 설탕을 넣어 뜨거울 때 으깬다.

03 으깬 감자를 직경 3cm로 동그랗게 빚어 소금과 설탕으로 간을 한 노란 콩가루, 푸른 콩가루와 흑임자 가루 등 각각의 고물에 살살 묻혀 낸다.

02 익힌 감자 으깨기

03 경단을 각색고물로 묻히기

• 감자는 뜨거울 때 으깨어야 쉽게 부서지며 역시 뜨거울 때 먹어야 제 맛이 난다.
• 고물은 팥 · 녹두고물, 흑임자 가루, 곱게 채 썬 대추 · 밤채 등을 사용하기도 한다.

장떡

호박범벅
청국장찌개
호박지찌개
박속낙지탕
도리뱅뱅이
다슬기국
호박고지적
장떡
도토리묵조림
호두장과
총각김치
가지소박이
쇠머리떡

꾸밈이 없고 양념도 많이 쓰지 않아 자연 그대로의 맛을 살려 담백하고 구수하며,
소박한 음식이 많다.

충청도

호박범벅은 호박, 팥, 고구마, 옥수수 등을 섞어서 풀처럼 되게 쑨 농도가 된 죽을 말한다. 정겹고 푸짐한 별식으로 경상도와 강원도에서도 가을과 겨울철에 자주 만들어 먹는 음식이다.

호박범벅

재료 및 분량

늙은(단)호박 800g
삶은 붉은 팥 1/2컵
강낭콩 1/2컵
고구마 100g
밤 3~4개
찹쌀가루 1컵
설탕 1/2컵
소금 1작은술

만드는 법

01 늙은(단)호박은 껍질을 벗긴 뒤 깨끗이 씻어 토막내어 냄비에 넣고 푹 익혀 건져 으깬다.

02 팥과 강낭콩은 깨끗이 씻어 한소끔 끓여 물을 버린 후 새 물로 다시 푹 삶는다.

03 호박 삶은 물에 깍둑썰기한 고구마, 밤, 삶은 팥과 강낭콩을 넣고 잘 저어가면서 끓인다.

04 거의 익으면 찹쌀가루의 1/2은 물에 개어서 조금씩 넣어가며 농도를 되직하게 맞춘다.

05 나머지 찹쌀가루는 끓는 소금물로 익반죽하여 새알심을 만들어 삶아 낸 다음 찬물에 헹구어 두었다가 마지막에 넣고 한소끔 끓인다.

06 식성에 따라 소금과 설탕 간을 하여 먹기도 하고 한 숟가락씩 떠서 콩고물이나 팥고물을 묻혀 먹기도 한다.

03 호박죽에 삶은 팥 넣기

05 호박죽에 새알심 넣기

- 새알심은 녹말에 묻혀서 삶아 내었다가 찬물에 헹구면 퍼지지 않는다.
- 범벅은 만들 때 밑이 눌지 않도록 나무주걱으로 저으면서 끓이고 30분 후에 불을 줄여 뜸을 들인다.

청국장찌개는 '청나라에서 전래된 장'이라는 뜻에서 청국장, '전시戰時에 부식으로 시급히 필요할 때 단시간에 제조할 수 있다' 하여 전국장으로도 불린다. 지금은 일반가정에서 각광을 받는 대표적인 건강 기능성식품으로 자리잡고 있다.

청국장찌개

재료및분량

청국장 150g
된장 1큰술
배추김치 100g
소고기 100g
무 50g
두부 1/3모
풋 · 홍고추 1/3개씩
대파 1/2대
다진 마늘 1큰술
고춧가루 2작은술
쌀뜨물 3컵

소고기양념장
국간장 1/2작은술, 다진 파 2작은술, 다진 마늘 1작은술, 참기름 1/2작은술
후춧가루 1/8작은술

만드는법

01 소고기는 잘게 썰어 소고기양념장으로 밑간한다.
02 배추김치는 속을 털어낸 다음 송송 썰고 대파는 어슷하게 썬다.
03 무는 납작납작하게 썰고, 두부는 큼직하게 썰어 놓는다.
04 냄비에 밑간한 소고기를 볶다가 쌀뜨물을 부어 고기국물이 잘 우러나도록 약한 불에서 푹 끓인다.
05 04의 고기국물에 무를 넣고 청국장과 된장을 푼 다음 송송 썬 배추김치를 넣고 끓인다.
06 한소끔 끓으면 두부와 대파, 다진 마늘, 매운 풋 · 홍고추를 넣고 고춧가루와 소금으로 간을 맞춘다.

- 청국장 만드는 법

재료 및 분량
메주콩 15컵, 다진 생강 1큰술, 다진 마늘 3큰술, 소금 1컵, 고춧가루 1/2컵, 물 8컵

만드는 법
1. 메주콩은 씻어 물을 붓고 충분히 삶아 물기가 자작할 때에 소쿠리에 담고 물을 받친다.
2. 짚을 깐 시루나 스티로폼 박스에 담아 면보와 헌 담요를 덮어 둔다.
3. 3~4일이 지나 실 같은 것이 나오면 절구에 넣어 생강, 마늘, 고춧가루, 소금을 넣고 찧는다.
4. 한끼 분량씩 나누어 담아 냉동고에 보관한다.

호박지찌개는 김장 끝에 늙은 호박과 무청을 버무려 넣어 호박지를 만들어 두었다가 겨우내 지져 먹는 일종의 찌개로 황해도의 별미 토속음식이기도 하다.

호박지찌개

재료및분량

돼지고기 100g
대파 1대
다진 마늘 2큰술
쌀뜨물 3컵
고춧가루 1큰술
소금 1작은술

호박지

늙은 호박 1kg
무청 400g
배추 400g

호박지양념

새우젓 1컵, 고춧가루 1.5컵, 파 50g, 다진 마늘 2큰술, 다진 생강 1큰술

만드는법

01 늙은 호박은 씨를 빼내고 껍질을 벗겨낸 후 길이 5cm, 폭 2cm, 두께 1cm로 잘라 소금을 뿌려 절인다.
02 무청과 배추도 길이 4cm로 썰어 소금에 절였다가 건져 놓는다.
03 소금에 절인 호박과 배추, 무청에 어슷 썬 대파와 호박지 양념을 넣고 고루 버무려 항아리에 꼭꼭 눌러 호박지를 담근다.
04 뚝배기에 납작하게 썬 돼지고기를 넣고 볶다가 호박지를 넣고 쌀뜨물을 부어 바툿하게 끓인다.
05 호박지가 어느 정도 익으면 고춧가루와 소금으로 간을 맞추고, 다진마늘, 어슷 썬 파를 넣어 한소끔 더 끓여낸다.

01 늙은 호박 썰기

02 무청과 배추도 썰어 절이기

03 고춧가루로 먼저 물들이기

03 양념으로 고루 버무리기

• 황해도에서는 호박지를 익혀 시어지면 호박지찌개를 끓인다.

박속낙지탕은 옛부터 쌀이 귀한 서해안의 바닷가에서 초여름에 많이 잡히는 낙지와 쌀 대신 어린 박을 넣고 허기를 채운 구황음식이었다. 숙취해소와 강정식품으로 각광을 받으면서 널리 알려졌으며 담백하며 시원한 맛이 일품이다.

박속낙지탕

재료및분량

세발낙지 10마리
바지락 400g
박속 100g
무 200g
배추속대 200g
미나리 50g
양파 1/2개
물 10컵
대파 1뿌리
홍고추 1개
다진 마늘 1큰술
소금 1큰술

만드는법

01 바지락은 소금물에 넣고 검정 비닐봉지로 30분~1시간 정도 덮고 두었다가 해감을 시킨다.
02 박은 껍질을 벗기고 씨를 긁어낸 다음 속만 나박나박 썬다. (2.5×2.5×0.3cm)
03 무는 박과 같은 크기로 납작하게 썰고, 양파는 굵게 채 썬다(5×0.3×0.3cm). 대파와 홍고추는 어슷썰고, 배추는 속대로 준비하고 미나리는 5cm 길이로 썬다.
04 끓는 물에 무와 박을 넣어 한소끔 끓이다가 소금으로 간을 맞추고 바지락, 배추속대, 다진 마늘을 넣어 끓이다가 양파를 넣는다.
05 어슷썬 대파와 낙지를 넣어 낙지가 익으면 미나리를 넣어 살짝 끓여 낸다.

- 세발 낙지가 없을 때는 일반 낙지도 괜찮다.
- 낙지와 박을 건져 먹은 다음에 칼국수를 넣고 끓여 먹는다.
  또한 칼국수 대신 감자를 넣고 끓이기도 한다.

도리뱅뱅이는 작은 민물생선을 동그랗게 돌려담아 조리한다 하여 붙여진 이름으로 제천 의림지와 대청댐 주변의 향토음식으로 자리잡고 있다.

피라미나 빙어를 통째로 기름에 바싹 튀긴 후 양념장으로 조린 음식으로 뼈까지 먹을 수 있으므로 영양면에서도 손색이 없는 음식이다.

도리뱅뱅이

재료및분량

빙어 400g
수삼 2뿌리
대파 2뿌리
풋고추 1개
홍고추 1개

양념장

고추장 2큰술, 고춧가루 4큰술, 간장 1작은술, 다진 마늘 2큰술
다진 생강 1작은술, 설탕 1큰술, 물엿 2큰술, 후춧가루 1/4 작은술
청주 1큰술, 물 2큰술

만드는법

01 민물고기는 소금, 후춧가루, 청주를 뿌려서 프라이팬에 동그랗게 돌려 담고 살짝 익힌 후 식용유를 넣어 노릇노릇하게 튀긴다.

02 대파와 수삼은 곱게 채 썰어 (5×0.2×0.2cm) 찬물에 잠시 담구어 둔다.

03 홍고추와 풋고추도 어슷 썰거나 곱게 채 썬다.

04 분량의 재료를 섞어 양념장을 만든다.

05 생선이 튀겨지면 식용유를 따라내고 생선 위에 준비한 양념장을 바른 뒤 다시 한번 살짝 익히고 대파채와 수삼채, 청 · 홍고추를 고명으로 올린다.

- 생선은 빙어 외에도 피라미, 배불띠기 등 작은 민물고기를 쓰면 된다.
- 생선을 튀길 때 전분을 살살 뿌려 두었다가 튀기면 형태가 어스러지지 않고 보다 바삭바삭한 맛을 즐길 수 있다.

다슬기국

재료및분량

다슬기(올갱이) 1컵
호박잎(부추) 30g
풋 · 홍고추 1/2개씩
국간장 1/2큰술
소금 1/4작은술
다슬기 육수 3컵

만드는법

01 찬물에 다슬기를 3~4시간 정도 담구어 해감을 토하게 한 다음 깨끗이 여러 번 헹군다.

02 다슬기가 속살을 밖으로 내밀면 끓는 물에 다슬기를 넣고 삶아 건져서 바늘로 살을 빼낸다. 국물은 면보에 걸러 다슬기 육수로 준비한다.

03 다슬기 육수에 다슬기를 넣고 끓이다가 풋내를 제거한 호박잎이나 부추를 넣고 끓인다.

04 국간장과 소금으로 간을 하고 매운 풋 · 홍고추를 다져 넣는다.

다슬기국은 과음으로 인한 숙취해소와 간의 피로를 푸는 시원하며 칼칼한 해장국으로 손꼽히는 별미보양식이다. 「동의보감」에 다슬기는 차가운 성질이 있어 열독을 풀고 갈증을 없애며 간의 열을 내리게 하고 대소변을 잘 나가게 한다고 한다.

- 다슬기는 왕성한 먹이 활동을 하는 봄철이 가장 맛이 좋고 충청도에서는 "올갱이", 경상도에서는 "고디", 전라도에서는 "대사리", 강원도에서는 "꼴부리"라고 부르며 우리나라 어디에서나 맑은 물에서 서식하고 있다.
- 식성에 따라 다진 마늘을 넣기도 하나 오히려 시원한 맛이 줄어든다.

호박고지적

호박고지적은 소고기와 채소를 양념하여 꼬치에 꿰어 찹쌀가루를 묻혀 지져낸 지짐누름적으로 호박고지의 달콤하고 쫄깃한 맛이 일품이다.

재료및분량

말린 호박고지 50g
간장 1/2큰술
참기름 2큰술
쪽파 50g
소고기 200g
찹쌀가루 2컵
식용유 적당량

소고기양념장

간장 2큰술, 설탕 1큰술, 다진 파 1큰술, 다진 마늘 2작은술, 참기름 2작은술, 깨소금 1큰술, 후춧가루 1/8작은술

만드는법

01 호박고지는 따뜻한 물에 불려서 7cm 길이로 자른 후 간장과 참기름을 넣고 무쳐둔다.

02 소고기는 0.7cm 두께로 저며서 칼등으로 자근자근 두드려 길이 10cm, 폭 1cm크기로 썰어 소고기 양념장으로 골고루 주물러 양념한다.

03 쪽파는 깨끗이 다듬어 씻어서 7cm 길이로 썬다.

04 꼬치에 호박고지, 양념한 소고기, 쪽파를 번갈아 꽂아 찹쌀가루를 고루 묻혀 손으로 두드려서 김이 오른 찜통에 넣어 살짝 쪄낸다.

05 달군 번철에 식용유를 두르고 식은 호박고지적을 앞뒤로 노릇노릇하게 지져낸다.

- 찹쌀가루 묻힌 고지는 켜켜로 놓고 찜통에 쪄내면 서로 달라붙기 쉬우니 유의한다.
- 간편한 방법으로는 찹쌀가루를 묻힌 꼬치를 찜통에 쪄내지 않고 바로 번철에서 지져내기도 한다.

장떡은 찹쌀가루에 된장과 고추장을 섞어 반죽하여 기름 두른 번철에 지져낸 음식으로 뜨거울 때보다 식어서 쫀득쫀득할 때 제 맛이 나며 옛날에는 먼 길을 떠날 때 비상식량으로 요긴하게 이용하였다.

장떡

재료및분량

참쌀가루 1컵, 밀가루 1/2컵
소고기 50g
풋 · 홍고추 1개씩
부추(깻잎) 30g
청양고추 1개
식용유 1/2컵

양념장

된장 1큰술, 고추장 1큰술, 깨소금 1작은술, 다진 파 2큰술, 다진 마늘 1큰술, 참기름 1큰술, 후춧가루 1/8작은술

만드는법

01 소고기는 살코기로 곱게 다지고 부추는 송송 썰며 풋고추는 씨를 빼고 곱게 다진다.

02 찹쌀가루는 고운 체에 쳐서 다진 소고기와 양념장을 넣고 잘 섞는다.

03 찹쌀가루반죽에 풋 · 홍고추, 부추와 끓는 물 1큰술을 넣어 충분하게 주물러 7cm정도의 크기로 동그랗게 빚는다.

04 김오른 찜통에 면보를 깔고 반죽을 쪄내어 햇볕에 꾸덕꾸덕하게 말린다.

05 참기름을 발라 석쇠에 굽거나 번철에 지진다.

04 김오른 찜통에 장떡 찌기

• 간편한 방법으로는 찹쌀가루나 밀가루에 준비해 둔 부재료와 양념장과 물을 다함께 섞어 반죽하고 쪄서 말리는 과정없이 바로 번철에 지져내기도 한다.

도토리묵조림

도토리묵조림은 말린 도토리묵을 따뜻한 물에 불려서 조려낸 것으로 씹히는 맛이 일품이다. 옛부터 우리 조상들은 흉년에는 도토리를 끼니를 이어 주던 중요한 구황식품으로 이용하였다.

재료및분량

도토리묵 400g(시판용 1모)
풋 · 홍고추 1개씩

조림장

간장 2큰술, 물 6큰술, 청주 1큰술, 다진 파 1큰술, 다진 마늘 1/2큰술, 설탕 1큰술, 참기름 1큰술, 깨소금 1작은술

만드는법

01 도토리묵은 두께 1cm, 폭 2cm, 길이 6~7cm로 잘라서 팔팔 끓는 소금물에 넣어 1~2분간 데쳐낸다.

02 데쳐낸 도토리묵은 채반에 펼쳐 놓고 햇볕이 잘 드는 곳에서 완전히 말린다.

03 말린 도토리묵은 따뜻한 물에 불려서 꼬들꼬들해지면 건져서 물기를 뺀다.

04 냄비에 간장, 물, 설탕, 청주, 다진 파, 다진 마늘을 넣고 조림장을 끓인다.

05 조림장이 끓으면 불린 도토리묵을 넣고 볶는 듯이 조려서 참기름으로 윤기를 낸다.

06 잘게 썬 풋 · 홍고추와 깨소금으로 고명한다.

• 도토리묵은 말릴 때 하루에 2번 정도 뒤집어 주며 말려야 곰팡이가 쓸지 않는다. 햇볕에 6~7일이 지나야 완전히 마르고, 다 마르면 색도 진해지고 딱딱해진다.

호두장과

재료및분량

호두(반태) 15개
소고기 100g
참기름 1작은술
식용유 1작은술
생강 1톨

조림장

설탕 1큰술, 간장 3큰술, 물 1컵, 청주 2큰술, 꿀 1큰술

만드는법

01 호두는 겉껍질을 제거하여 더운 물에 식초 1~2방울을 넣고 잠시 담구었다가 건져 꼬치로 속껍질을 살살 벗긴다.

02 소고기는 곱게 다져서 직경 0.8cm의 작은 완자로 만들어 번철에 굴려가며 익힌다.

03 번철에 기름을 두르고 호두를 볶는다.

04 생강은 껍질을 벗기고 납작하게 편으로 썬다.

05 냄비에 조림장과 생강편을 넣고 끓으면 중불에서 호두와 익혀 낸 쇠고기 완자를 넣고 뭉근하게 윤기나게 조린다.

06 마지막에 참기름을 넣어 버무려 그릇에 담아낸다.

- 호두장과는 무기질과 비타민 B_1, 불포화지방산이 다량 함유되어 있어서 노화방지와 강장효과가 뛰어나니 지방이 산화되기 쉬운 호두의 단점을 보완할 수 있는 좋은 요리법이다.
- 호두의 속껍질은 식초를 탄 더운물에 잠시 담그면 껍질이 쉽게 벗겨지며 떫은 맛도 제거된다.

고려 충렬왕때 영밀공 유청신이 호지(원나라)에서 가져온 것으로 복숭아와 비슷하다고 해서 호도胡桃라 불리운다.

총각김치는 어리고 단단한 무를 거친 고춧가루로 양념을 빽빽하게 버무려 담근다. 총각무는 일명 알타리무라고도 하며 작고 무청이 길게 늘어져 있어 생김새가 총각의 머리와 같다고 해서 혹은 작은 무의 생김새가 총각의 남성을 상징하기 때문에 붙여진 이름이라고도 한다.

총각김치

재료및분량

총각무 1단
굵은 소금 1컵
쪽파 80g

김치양념

거친 고춧가루 2컵, 올리고당 2큰술, 멸치젓(새우젓) 1/2컵
마늘 1통, 생강 1톨, 양파즙 1/2컵

찹쌀풀

물 $1\frac{1}{2}$컵, 찹쌀가루 30g

01 총각무 손질하기

02 총각무 소금에 절이기

03 김치양념 만들기

04 김치양념으로 버무리기

05 또리 틀어 묶기

만드는법

01 총각무는 작고 단단한 것으로 고른 후 누런 잎은 떼어 낸다. 칼로 긁어 껍질을 벗기고 무청이 붙어 있는 검은 부분은 칼로 도려낸 다음 깨끗이 씻는다.

02 총각무가 굵은 것은 반 또는 넷으로 칼집을 넣어 굵은 소금을 고루 뿌려 3~4시간 절인 후 건져 물기를 빼놓는다. 쪽파는 총각무 절인 물에 살짝 절인다.

03 멀겋게 쑤어 식힌 찹쌀풀에 올리고당과 멸치젓(새우젓)에 고춧가루를 미리 넣어 불리고, 다진 마늘, 생강을 넣어 김치양념을 만든다.

04 큰 그릇에 총각무와 쪽파를 담고 김치양념을 넣어 고루 잘 버무린다.

05 총각무와 쪽파를 고루 잡아 똬리를 틀어 묶어 항아리에 차곡차곡 담는다. 오래 두었다가 먹으려면 무청 우거지를 덮고 웃소금을 뿌려 익힌다.

- 총각무가 굵은 것은 떨어지지 않도록 칼집을 2~4등분하여 넣어 소금과 물을 뿌려야 쉽게 절여지고 간이 고루 배인다.
- 총각김치는 늦가을 김장철에 담갔다 잘 익은 다음에 먹는다. 덜 익으면 무의 매운맛이 남아 있고 무청도 질기다.

가지소박이는 오이소박이와 같은 방법으로 담궈 먹는 여름 한철의 별미 계절김치이다. 평안도에서는 가지를 살짝 데쳐 배를 가르고 그 속에 소금 대신 국간장으로 양념한 소를 넣어 담궈 먹는다.

가지소박이

재료및분량

가지 6개
굵은 소금 2/3컵
소재료
무 100g, 쪽파 20g, 미나리 20g, 부추 20g
김치양념
고춧가루 1.5컵, 멸치액젓 1/3컵, 마늘 40g, 생강 20g, 설탕 1작은술

01 칼집 낸 가지 소금물에 절이기

03 무에 고춧가루 물들이기

04 가지소 만들기

05 절여진 가지 물기 없애기

06 가지 칼집에 소 넣기

만드는법

01 가지는 꼭지를 자르고 5~6cm 길이로 잘라 열십자 또는 양끝이 떨어지지 않도록 길게 칼집을 넣어 소금물에 절인다.
02 고춧가루, 다진 마늘, 생강, 멸치액젓을 섞어 김치양념을 만든다.
03 무는 4cm 길이로 곱게 채 썰어 소금을 뿌려 절인 후 물기를 빼고 고춧가루물을 들인다.
04 미나리, 쪽파, 부추는 2cm 길이로 썰고 만들어 둔 양념의 절반을 덜어내어 무에 함께 넣고 버무려 소를 만든다.
05 가지가 부드럽게 절여지면 면보에 싸서 물기를 제거한다.
06 가지의 칼집에 소를 채워 넣고 나머지 양념은 겉에 묻혀 단지에 차곡차곡 담고 그릇에 남은 양념은 소금물을 삼삼하게 타서 단지에 부어 익힌다.

- 가지는 껍질이 매끄러워 부드럽게 절인 다음 사이사이에 소를 잘 채워 넣어야 간이 잘 스며든다.
- 가지는 여름 한철 별미로 담궈 먹는 계절김치이다.

쇠머리떡은 찹쌀가루에 밤·대추·콩·팥 등을 섞어 버무려 시루에 찐 찰무리떡으로 겹쳐서 굳혀 썰었을 때 마치 쇠머리편육처럼 생겼다 하여 붙여진 이름으로 모듬백이라고도 한다. 수확기인 가을철에 주변에서 흔하고 쉽게 구할 수 있는 곡식과 여러 가지 과일 등의 재료를 모두 모아서 만든 매우 소담스럽고 찰진 가을떡이다.

쇠머리떡

재료및분량

찹쌀 600g(찹쌀가루 1kg)
소금 2큰술

설탕물
황설탕 1/2컵
물 6큰술

부재료
검은 콩 1/2컵, 붉은 팥 1/2컵, 밤 10개, 대추 10개, 곶감 2개
유자청 건지 1/2컵, 소금 1/4작은술

01 찹쌀가루 체 내리기

03 부재료 준비하기

03 부재료 함께 섞기

04 찹쌀가루와 부재료 섞기

04 김오른 찜통에 떡가루 앉혀 찌기

05 네모진 틀에 눌러 담기

만드는법

01 찹쌀은 깨끗이 씻은 후 물에 6시간 이상 불렸다가 소쿠리에 건져서 소금을 넣고 가루로 빻아 체에 내린 후 끓여 식힌 설탕물을 주어 고루 비벼 섞고 체에 다시 한 번 내린다.

02 검은 콩과 붉은 팥은 깨끗이 씻어 하룻밤 충분히 불려 삶는다.

03 밤은 껍질을 깨끗이 벗겨 4~6 등분하고 곶감은 씨를 발라 내어 굵직하게 썬다. 굵게 다진 유자청 건지와 씨를 발라내고 돌려깎기를 하여 3~4 등분한 대추를 함께 섞는다.

04 체에 내린 찹쌀가루에 02의 검은 콩과 팥 · 밤 · 대추 · 곶감과 유자청 건지를 고루 섞어 버무려 김이 오른 시루에 젖은 베보자기를 깔고 안쳐 센불에서 찌다가 김이 오르면 뚜껑을 덮어 30분 정도 더 찐다.

05 떡이 투명하게 익으면 뜨거울 때 꿀이나 기름을 바른 넓은 쟁반에 담아 양손으로 한덩이가 되도록 모아 네모진 틀에 꼭꼭 눌러 담아 굳힌다.

- 떡이 잘 익지 않으면 주걱으로 섞어 주면서 설탕물을 뿌려 쪄내면 좋다.
- 찹쌀가루에 모든 재료를 넣고 골고루 섞어서 쪄내야 부재료가 한 곳으로 몰리지 않고 썰었을 때 떡모양이 아름답다.

육개장

안동건진국수
안동헛제사밥
육개장
재첩국
갱식
마산아귀찜
영덕대게찜
돔배기산적
각색산적
동래파전
겨자잡채
콩잎김치
부추김치
우엉김치
유과(산자)
안동식혜

전라도와 더불어 얼얼하도록 맵고 간은 센 편으로 투박하지만 칼칼하고 감칠맛이 있다.
음식은 멋을 내거나 사치스럽지 않고 소담스럽게 만든다.

경상도

안동건진국수는 제물칼국수와는 달리 밀가루에 콩가루를 넣고 반죽하여 아주 가늘게 채 썬 칼국수를 삶아 찬물에 헹구어서 육수로 말아내는 일종의 잔치국수이며 면발이 가늘수록 품위를 더하는 반가요리이다.

안동건진국수

재료및분량

밀가루 3컵
콩가루 1컵
소금물 1컵
식용유 1큰술
닭살 600g
애호박 80g
실고추 5g
달걀 1개
석이버섯 10g

향신채소

대파 1대, 마늘 1통, 양파 1/2개, 생강 1쪽, 물 3ℓ

닭고기양념

소금 1큰술, 다진 파 2큰술, 다진 마늘 1큰술, 참기름 1큰술, 깨소금 2작은술
후춧가루 1/8작은술

01 국수반죽 밀어서 썰기

03 닭고기 삶기

03 삶은 닭고기 가늘게 찢기

만드는법

01 밀가루에 콩가루를 섞어 소금물과 식용유로 반죽하여 비닐봉지에 넣어 두었다가 밀대로 얇게 밀어 가늘게 썬다.

02 팔팔 끓는 물에 01의 면을 넣고 삶아 내서 찬물에 여러 번 헹군다.

03 냄비에 닭고기와 향신채소, 물을 넣고 삶아서 국물은 식혀 기름기를 걷어 내어 육수용으로 준비하고 닭고기는 가늘게 찢어 닭고기양념으로 무친다.

04 호박은 4×0.2cm로 돌려 깎아 채 썰고 소금에 절였다가 달군 번철에 기름을 두르고 살짝 볶는다.

05 석이버섯은 뜨거운 물에 불려 이끼를 제거하고 곱게 채 썰어 소금과 참기름으로 무쳐 기름을 두르지 않은 번철에 살짝 볶는다.

06 달걀은 황 · 백으로 나누어 얇게 지단을 부쳐 채 썬다.

07 그릇에 국수를 담고 간을 한 육수를 부은 다음, 닭고기, 호박채, 황·백 지단채, 실고추, 석이버섯을 얹어 낸다.

• 국수반죽은 보통 밀가루와 물의 비율을 3:1로 하고 서로 달라 붙는 것을 방지하기 위해 식용유를 소량 첨가한다. 또한 반죽을 치대어 냉장고에 두는 과정을 반복하면 더욱 쫄깃한 면을 얻을 수 있다.

안동헛제사밥은 유교문화의 본 고장 안동에서 선비들이 밤에 글을 읽다가 출출해지면 일년내내 제사가 끊이지 않는 이웃의 제삿밥으로 요기를 하였고 그러다 제사가 없는 날에도 이를 찾아 생겨나게 된 것이 바로 헛제사밥이다. 이 헛제사밥은 제사음식과 마찬가지로 고춧가루나 마늘을 쓰지 않는다.

안동헛제사밥

재료및분량

쌀 2컵, 물 2.5컵(500g)

전류

상어돔배기 200g, 간고등어 200g, 동태포 80g, 두부 200g, 소고기 100g, 달걀3개, 식용유 5큰술, 꼬치 4개

나물류

도라지 100g, 시금치 100g, 콩나물 100g, 삶은 고사리 100g, 배추150g, 소금 · 후춧가루

소고기 양념

진간장 1큰술, 다진 마늘 1작은술, 다진 파 1/2작은술, 참기름 1작은술
후춧가루 1/8작은술

도라지 양념

소금 작은술, 참기름 1작은술, 소금 1작은술, 설탕 1/2작은술, 참기름 1큰술, 물 1큰술

시금치 · 콩나물,무 양념

깨소금 1큰술, 소금 2큰술, 참기름 2큰술

고사리 양념

다진 마늘 1/2작은술, 국간장 1작은술, 참기름 1작은술

비빔장

청장(국간장) 2큰술, 참기름 1큰술, 깨소금 1작은술

소고기무탕

무 300g, 다시마 5g, 두부 250g, 물 6컵, 국간장 2큰술, 소금 약간

만드는법

01 쌀은 깨끗이 씻어 30분 정도 불린 후 물을 부어 밥을 고슬고슬하게 짓는다.

02 간고등어와 상어는 씻어서 4×0.5×6cm크기로 썰고 동태포는 소금, 후춧가루로 밑간하여 물기를 뺀 다음 밀가루, 달걀순으로 옷을 입혀 식용유에 지진다. 물에 불린 다시마도 밀가루반죽을 묻혀 전을 부친다. 두부의 절반도 식용유를 두른 팬에 지져 놓고, 나머지는 2×2×0.3cm 크기로 나박썰기한다.

03 소고기는 결 반대의 2×0.4×8cm크기로 썰어 잔 칼집을 넣고 칼등으로 두들겨 소금과 후춧가루로 간을 한 후 고치에 꿰어 굽거나 찐다.

04 도라지는 소금으로 비벼 씻어 쓴맛을 빼고 데친 후 양념하여 팬에 식용유를 조금 두르고 볶는다. 시금치와 배추는 물에 소금을 넣고 데친 후 찬물에 헹구어 물기를 빼고 청장, 참기름, 깨소금으로 양념하여 무친다. 무는 채 썰어 소금에 절여 꼭 짠 후 볶고 고사리는 7cm 길이로 썰어 양념하여 팬에 볶다가 물 1큰술을 넣고 다시 볶는다.

05 소고기, 다시마, 무, 두부는 2×0.3cm 크기로 나박썰기하여 탕을 끓이고 국간장과 후춧가루, 소금으로 간을 맞춘다.

06 달걀은 완숙으로 삶아 껍질을 벗기고 세로로 2-4등분한다.

07 갖은 나물과 전류를 색맞추어 담고 밥과 탕국을 곁들이며 종지에 비빔장을 함께 낸다.

- 헛제사밥을 먹을 때는 나물에 고추장을 넣지 않고 청장(국간장)으로 간을 해서 비빈다.
- 기호에 따라 밥 위에 나물과 전류들을 색스럽게 담아 내기도한다.

육개장은 양지머리나 사태 등 국거리 고기를 파를 많이 넣어 무르게 삶고 모든 채소를 밑간한 후 고추기름과 고춧가루로 매운맛을 낸 국이다. 개고기를 끓인 것이 개장狗醬이라고 하는데 식성에 맞지 않는 사람은 개고기 대신 소고기를 사용하고 이것을 육개장이라 한다. 경도잡지(1770년대 말)에는 "구장이란 개고기를 총백(파)에 섞어 삶는다" 라고 기록되어 있다.

육개장

재료및분량

소고기(양지머리) 600g
무 200g
대파 4대
마늘 5쪽
숙주 200g
불린 고사리 100g
불린 토란대 100g
밑양념
고춧가루 5큰술, 고추기름 3큰술, 국간장 2큰술, 소금 1작은술, 액젓 1큰술
다진파 4큰술, 다진마늘 2큰술, 깨소금 1/2작은술, 후춧가루 1/2작은술
식용유 2큰술

만드는법

01 소고기(양지머리)는 덩어리째 냉수에 담가 핏물을 빼고 두꺼운 솥에 물을 부어 펄펄 끓으면 고기와 무를 넣고 끓어 오르면 불을 줄이고 고기가 무르게 익을 때까지 은근히 끓인다.
02 소고기가 충분히 무르면 건져내어 결대로 찢어두고 무는 납작납작하게 썬다.
03 국물 위의 뜨는 기름을 제거하고 육수는 면보에 걸러둔다.
04 대파는 8cm 길이로 토막 내어 끓는 물에 살짝 데쳐 내어 길이로 찢어둔다.
05 숙주는 끓는 물에 데치고, 삶아서 부드럽게 불린 고사리와 토란대는 7cm 정도로 잘라서 굵으면 세로로 찢어 둔다.
06 소고기, 숙주, 대파, 고사리, 토란대에 밑양념을 하여 03의 국물에 넣어 맛이 어우러지도록 끓인 다음 간을 맞춘다.

01 양지머리 삶아서 찢기

05 채소류 삶기

06 삶아낸 채소류에 밑간하기

- 육개장용 고기는 양지머리나 사태 뿐만 아니라 양, 곱창을 깨끗이 손질하여 함께 넣고 삶으면 맛이 더욱 깊고 진하다.
- 고기를 애벌 삶을 때 파, 마늘, 생강 등 향신채를 넣으면 고기의 누린내가 없어지고, 이 때 위에 생기는 거품과 기름기는 꼭 걷어내도록 한다.
- 더운 여름철 삼복에 먹는 시절음식으로 일반적으로 소고기로 만든 음식에는 고춧가루를 넣지 않는 것이 보통이다. 고추장을 사용하면 맛이 텁텁하므로 고춧가루를 많이 넣어 개운한 맛을 살리도록 한다.

재첩국

재첩국은 경상도 하동지방의 별미음식으로 그 시원한 맛이 일품으로 속풀이용 국으로 널리 애용되고 있다. 부산 자갈치시장의 이동 재첩국장사의 구수한 외침은 정겨운 옛 풍경으로 남아 있다. 단백질과 무기질, 비타민 B_1이 풍부하며 시원한 맛을 즐기기 위해선 재첩국에 다른 양념을 첨가하는 것을 지양한다.

• 재첩은 김해, 명지, 엄궁 등 낙동강 하류에 주로 서식하였으나 지금은 섬진강 유역에서 많이 생산된다.

재료및분량

재첩 3컵
부추(실파) 30g
물 6컵
청주 1큰술
소금 1/2작은술, 국간장 1작은술
후추 1/8작은술

만드는법

01 재첩은 맹물에 담가 두어 모래를 해감시킨다.
02 냄비에 찬물을 넣고 끓이다 입이 벌어지면 재첩을 어레미(굵은 체)에 붓고 흔들면 재첩살은 빠지고 껍질만 남는다. 국물은 면보에 걸러 재첩육수로 준비한다.
03 재첩 육수에 청주와 소금을 넣고 따로 받아둔 재첩살을 넣고 살짝 끓인다.
04 그릇에 끓인 재첩국을 담고 송송 썬 부추나 실파를 띄워 낸다.
05 소금으로 다시 한번 간을 맞춘다.

02 재첩 삶아 살 빼기

04 다 끓인 재첩국에 고명 띄우기

갱식

재료및분량

밥 2공기
배추김치 200g
콩나물 200g
두부 100g(소면 50g)
참기름 1큰술
국간장 1큰술
소금(새우젓) 약간

육수

멸치 100g
다시마(사방 10cm)1장
물 10컵

만드는법

01 배추김치는 양념을 털어 내고 0.5cm 폭으로 송송 썰거나 채 썰어 참기름으로 볶는다.

02 멸치는 내장만 제거하고 다시마와 물 10컵을 넣어 함께 끓여서 면포에 걸러 국물을 받아 육수를 준비해둔다.

03 콩나물은 손질하여 씻어 둔다.

04 02의 육수에 콩나물과 배추김치를 넣고 끓이다가 밥과 두부(소면)를 넣고 한 번 더 끓여 국간장과 소금이나 새우젓으로 기호에 맞게 간을 한다.

갱식은 예로부터 경북의 서북부 지역에서 상가집의 속풀이 음식으로 전해져 내려오던 음식이었다. 김천과 같은 교통의 요충지로서 역마촌과 시장이 인접한 지역에서는 즉석에서 끓여 먹을 수 있는 손쉽고 간편한 요리로 각광을 받았다.
어려웠던 시절 추운 겨울에 남은 찬밥과 김치를 넣고 끓여 먹던 국밥 또는 죽으로 갱시기, 갱죽이라고도 하며 추억과 애한이 서려 있는 음식이다.

- 육수재료로는 북어나 사골 등을 쓰기도 한다.
- 설을 쇠고 나면 갱식에 떡국떡이나 소면을 넣고 끓이면 별미이다.
- 밥을 많이 넣고 끓이면 밥이 불어서 국물이 없어지므로 국물을 넉넉하게 잡는다.

마산아귀찜은 아귀 자체가 본래 담백한 편이어서 여러 가지 채소를 넣는 것보다 콩나물, 미더덕, 조갯살, 미나리와 마늘, 생강 등의 양념장을 아주 많이 쓰는 편으로 굉장히 매운 요리이다. 특히 마산아구찜은 전국적으로 브랜드화되어 널리 알려져 있으며 아귀껍질과 뼈에 콜라겐이 많아서 삶으면 젤라틴화되어 부드럽고 쫀득쫀득한 맛이 일품이다.

마산아귀찜

재료및분량

아귀 1kg
미더덕 100g
찜용 콩나물 1kg
미나리 100g
양파 1/2개
대파 1대
생강 1톨
된장 1작은술
고추냉이 1작은술

양념장

고춧가루 1컵, 다진 파 · 마늘 4큰술씩, 다진 생강 1큰술, 간장 1큰술
(참치)액젓 2큰술, 청주, 깨소금 1작은술, 후추 1/2작은술, 진육수 1큰술
설탕 1큰술, 참기름 1큰술, 육수 1/2컵, 물전분(물 : 전분 = 1 : 1) 2큰술

육수

북어머리 1개, 다시마 10×10cm 1장, 대파 1대, 생강 1/2톨, 물 4컵, 양파 1/4개

만드는법

01 아귀는 내장을 빼내고 엷은 소금물에 깨끗이 씻은 후 5cm 정도로 뼈째 토막을 낸다.
02 양파와 대파, 된장, 생강을 넣은 끓는 물에 토막낸 아귀를 살짝 튀해낸다.
03 미더덕은 싱싱한 것으로 엷은 소금물에 깨끗이 씻는다.
04 콩나물은 머리와 꼬리 부분을 떼고 소금을 넣고 삶다가 끓어 오르면 찬물에 헹구어 둔다.
05 마늘은 다져 놓고 생강은 다지거나 즙을 내어 고춧가루 등 분량의 재료들을 함께 섞어 양념장을 만든다.
06 육수는 북어머리, 다시마(10×10cm), 대파, 생강을 넣어 끓여 거른 후 식혀 둔다.
07 프라이팬에 기름을 두르고 살짝 튀해낸 아귀를 넣고 볶다가 양념장(1/2)을 끼얹어 뚜껑을 덮어 익힌다.
08 아귀가 충분히 익으면 데쳐 둔 콩나물과 미더덕을 넣고 양념장(1/2)을 넣어 익힌 후 어슷 썰어 놓은 홍고추, 풋고추를 넣는다.
09 소금 간을 하고 물전분을 조금씩 넣어 농도를 맞춘다.
10 마지막에 미나리와 참기름을 넣어 버무린다.

02 토막 낸 아귀 튀해내기

04 콩나물 삶아 헹구기

06 육수 내기

- 아귀는 수분이 많고 지방질이 적은 생선이라 꾸덕꾸덕 말려 조리하면 살도 부스러지지 않고 씹히는 맛도 좋다. 또한 아귀는 내장, 지느러미도 사용하며 껍질의 미끈거리는 진액에서 비린내가 나므로 물에 여러 번 헹구어 완전히 없애는 것이 좋다.

영덕대게찜

영덕대게는 게의 크기가 큰 것이 아니라 게의 발이 대나무의 마디 모양처럼 생기고 비어 있다고 해서 붙여진 이름으로 얇은 껍질에 살이 꽉 차 있고 쫄깃하면서 담백한 맛과 향이 일품이다.

재료및분량

대게 4마리
대파 1대
생강 1톨
양파 1/4개
청주 1큰술

만드는법

01 대게는 솔로 껍질과 다리를 깨끗이 닦는다.
02 배쪽의 모래집을 제거한다.
03 찜통 물솥에 대파, 생강, 양파, 청주를 넣고 위쪽에 찜통을 올린다.
04 대게는 껍질이 아래쪽으로 가게 찜통에 넣고 몸통이 붉은 색으로 변할 때까지 15분 정도 쪄 낸다.

• 게를 찔 때는 다리를 자르지 않고 통으로 찌며 또한 게껍질이 아래로 가게 쪄야 육즙이 빠져 나오지 않는다.

돔배기산적

재료및분량

상어고기 600g
생강 1톨
마늘 · 통깨 · 실고추 약간

밑양념

간장 1큰술, 다진 파 1큰술, 다진 마늘 1/2큰술, 생강즙 1작은술, 참기름 1큰술, 후춧가루 1/8작은술

조림장

간장 2큰술, 설탕 2큰술, 물 2/3컵, 청주 2큰술, 다진 마늘 1큰술, 생강즙 1큰술

만드는법

01 상어고기는 두께 2cm로 크게 포를 떠서 밑양념에 재워둔다.

02 밑간한 상어고기를 채반에 놓고 햇볕에서 3~4시간 꾸덕꾸덕하게 말린다.

03 말린 상어고기는 길이 10cm, 3cm 폭으로 썰어 꼬치에 꿴다.

04 달군 번철에 기름을 두르고 앞뒤를 노릇노릇하게 구워낸다. 냄비에 조림양념장을 넣고 바글바글 끓으면 구운 상어고기꼬치에 조림장을 끼얹어 가며 윤기나게 조린다.

05 조려낸 상어고기꼬치 위에 마늘채, 생강채, 통깨, 실고추로 고명한다.

돔배기산적은 뼈를 발라낸 상어고기를 꼬치에 꿰어 기름에 지져내 경사나 제사 등 집안에 큰일이 있을 때 반드시 올리는 경상도 지방의 별미음식이다. 상어는 큰 물고기이므로 주로 토막을 내어 큰 덩어리 상태로 판매가 되며 다른 생선에 비해 잘 부서지지 않으므로 산적에 적합하다.

• 상어고기는 약간 비리고 아린맛이 나므로 꾸덕꾸덕하게 말렸다가 구우면 비린내가 나지 않는다. 다른 산적은 부재료로 채소나 소고기를 끼우지만 돔배기산적은 상어 한 가지만 끼우는 것이 특징이다.

각색산적은 소고기와 고추, 더덕, 느타리버섯, 수삼, 쪽파 등의 갖가지 재료를 번갈아 가며 꼬치에 꿰어 번철에 노릇노릇하게 지져낸 화려하고 손이 많이 가는 음식으로 제사상이나 큰 잔칫상에 고임으로 반드시 쓰였다.

각색산적

재료및분량

소고기 600g
쪽파 80g
꽈리고추 80g
수삼 80g
더덕 80g
느타리버섯 80g
소고기양념장
간장 4큰술, 설탕 2큰술, 다진 파 1큰술, 다진 마늘 1/2큰술, 생강즙 1작은술
깨소금 1작은술, 참기름 1큰술, 후춧가루 1/8작은술
채소양념장(채소 각각에 양념)
참기름 1큰술, 소금 1/2작은술,
밀가루즙
밀가루 1컵, 물 2컵, 간장 1큰술
고명
실고추 2g, 검정깨 1작은술

만드는법

01 소고기는 8~9cm 길이로 썰어 칼등으로 자근자근 두드려 쇠고기양념장으로 밑양념한다.
02 쪽파는 7cm 길이로 썰고 꽈리고추는 참기름과 소금으로 간한 다음 밑양념한 소고기와 번갈아 꼬치에 꿴다.
03 수삼과 더덕은 껍질을 벗겨 소고기 길이와 비슷하게 잘라서 양념한 소고기와 번갈아 가며 꼬치에 꿴다.
04 느타리버섯은 끓는 물에 살짝 삶아 꼭 짜서 소금과 참기름으로 밑간한 후 소고기와 번갈아가며 꿴다.
05 물에 분량의 밀가루와 간장과 물을 넣어 아주 묽은 밀가루즙을 만든다.
06 묽은 밀가루즙에 각각의 산적을 담구었다가 기름을 두른 번철에 노릇하게 지져낸다.
07 지져낸 후 뜨거울 때 검정깨와 실고추를 뿌려 고명한다.

• 산적算炙이란 날고기나 채소를 꼬치에 번갈아 꿰어서 굽는 것으로 꼬치에 꿰인 것이 셈할 때 쓰는 주판과 같다 하여 붙여진 이름이다.

동래파전은 쪽파와 오징어, 굴, 홍합, 조갯살 등의 해산물을 밀가루와 쌀가루를 섞은 반죽과 함께 기름을 두른 번철에 지져내는 일종의 전으로 옛부터 동래장의 명물로 장꾼이나 장보러 온 사람들에게 큰 인기가 있었던 음식이다.

동래파전

재료및분량

쪽파 200g
풋고추 1개
홍고추 1개
달걀 2개
식용유

해물
물오징어 30g, 패주 50g, 홍합 50g, 조갯살 50g, 굴 50g

반죽옷
밀가루 1컵, 멥쌀가루 1/4컵, 멸치육수 1.5컵, 멸치액젓 2큰술

초간장
간장 2큰술, 식초 2큰술, 육수(물) 2큰술, 설탕 1작은술

만드는법

01 패주와 조갯살, 굴, 홍합은 소금물에 흔들어 씻어 건져 물기를 빼고, 오징어는 껍질을 벗겨 가늘게 채 썬다.
02 체에 내린 밀가루와 쌀가루, 멸치액젓, 멸치육수를 섞어 반죽을 만든다.
03 쪽파는 다듬어 씻은 뒤 15cm 길이로 자르고 뿌리 쪽은 칼등으로 두드려 폭을 반으로 썬다.
04 기름을 두른 번철에 준비된 반죽옷을 둥글게 편 후 쪽파와 갖은 해물을 올리고 다시 반죽옷을 위에 바르듯이 얇게 덮는다.
05 풋고추, 홍고추를 고명으로 얹고 중불에서 반죽옷의 아랫면이 다 익으면 뒤집어서 익히고 달걀 푼 것을 끼얹어 다시 한번 지져낸다.
06 초간장을 곁들여낸다.

01 해물 준비하기

04 반죽옷에 쪽파와 해물 얹기

05 달걀 푼 것 끼얹어 지져내기

- 반죽옷을 만들 때 밀가루에 쌀가루를 섞으면 파의 매운맛과 어울려 훨씬 부드럽게 느껴지고, 간은 소금보다 액젓으로 하는 것이 깔끔하다.
- 멸치육수는 찬물에 멸치, 무, 양파, 대파를 넣고 뭉근하게 끓여 우려낸 후 식혀 두었다가 사용한다.

겨자잡채는 집안에 경사가 있거나 이바지 음식을 보낼 때는 빠지지 않고 하는 음식이다. 여러 가지 채소류를 겨자장으로 무쳐내어 얇게 썬 소고기 편육에 싸서 먹으면 톡 쏘는 그 맛이 일품이다. 주안상이나 교자상에 잘 어울린다. 잡채의 잡雜은 섞다, 모으다, 많다의 뜻이고 채菜는 채소를 뜻하니 여러 가지 채소류를 섞은 음식이라는 뜻이다.

겨자잡채

재료및분량

콩나물 300g
당근 50g
밤 5개
대추 5개
배 1개
잣 3큰술
생강 1톨
석이버섯 10장

겨자장

발효겨자 3큰술, 식초 8큰술, 설탕 3큰술, 소금 1/2작은술, 간장 1작은술
물 2큰술

만드는법

01 콩나물은 머리와 꼬리 부분을 떼고 삶아서 찬물에 헹군 후 물기를 뺀다.

02 당근은 곱게 채 썰어 끓는 물에 데친 다음 찬물에 헹군다.

03 대추는 씻어 씨를 빼고 얇게 포를 뜨고 밤은 껍질을 벗겨 각각 곱게 채 썬다.

04 배는 채 썰고 잣은 고깔을 뗀다.

05 생강은 껍질을 말끔히 벗겨 채를 곱게 썬 다음 찬물에 담구어 매운맛을 뺀다.

06 석이버섯은 뜨거운 물에 불려서 배꼽을 떼고 안쪽의 이끼를 벗겨낸 후 채를 썬 다음 참기름과 소금으로 간하여 번철에 살짝 볶아낸다.

07 겨자는 미지근한 물에 개어 따뜻하게 두었다가 매운 맛이 나면 식초, 설탕, 소금, 간장을 넣고 개어서 물이나 육수로 농도를 조절하여 겨자장을 만든다.

08 잣은 종이를 깔고 칼로 곱게 다져 보슬보슬한 잣가루를 만든다.

09 모든 재료를 합하여 겨자장으로 무치고 잣가루를 뿌려 접시나 단지에 담는다.

• 채소류는 각각 볶아서 펼쳐 식힌 후 겨자장으로 무쳐 내어야 한다. 겨자의 매운맛 성분은 시니그린이란 성분으로 50~60℃이상이 되면 불활성화되어 전혀 매운 맛이 나지 않는다.

콩잎김치는 노랗게 단풍진 콩잎만을 모아 소금물에 삭혀서 양념으로 켜켜히 발라 담가먹는 경상도의 별미김치이다. 약간 질긴듯한 조직감과 특유의 향이 일품이다.

콩잎김치

재료및분량

콩잎 10장씩 10묶음
굵은 소금 1/2컵
물 5컵, 소주 1/3컵

김치양념

고춧가루 1컵, 멸치액젓 1/3컵, 대파(흰부분) 2대, 마늘 1통, 생강 1톨
쌀조청 2큰술, 통깨 20g, 배즙 1/2컵

만드는법

01 콩잎은 노랗게 단풍진 잎을 모아 깨끗이 씻어 소금물에 돌로 눌러 5~6일 정도 삭힌다.

02 깨끗이 다듬은 마늘과 생강, 대파의 흰부분은 1cm 길이로 곱게 채썰고, 푸른 부분은 송송 썬다.

03 멸치액젓에 불린 고춧가루, 설탕, 실고추, 통깨와 함께 골고루 섞어 양념을 만든다.

04 삭힌 콩잎은 찬물에 헹구어 물기를 뺀 후 1~2장씩 겹쳐 놓고 양념을 골고루 발라서 항아리에 켜켜히 차곡차곡 담는다.

- 콩잎은 묶음채로 삭히는 것이 좋고 어린 콩잎은 쌈으로 싸먹어도 별미이다.
- 양념을 만들 때 멸치액젓량을 줄이고 그 양만큼 진간장을 넣으면 색다른 맛을 낸다.

부추김치는 몸이 허한 여름철에 담가 먹는 별미김치이다. 부추는 옛부터 양기를 돋우는 기양초起陽草로 불리우며 최음작용과 강장효과가 뛰어나 약선 재료로 널리 이용되었다.

부추김치

재료 및 분량

부추 1단(600g)

김치양념

고춧가루 1컵, 멸치젓국 1컵, 간장 2큰술, 설탕 1큰술, 마늘 30g, 생강 20g

재료 준비하기

만드는 법

01 멸치젓은 달여서 종이타올을 깔고 고운 체에 내려 멸치젓국을 받는다.

02 넓은 그릇에 밑동을 잘라내고 다듬어 씻은 부추를 절반으로 잘라 한 켜 깔고 멸치젓국을 끼얹고 그 위에 다시 부추를 깔고 멸치젓국을 뿌린다.

03 부추가 적당히 숨이 죽으면 멸치젓국을 따라내고 따라낸 멸치젓국에 고춧가루를 넣어 잘 갠 후 다진 마늘과 생강, 설탕을 섞어 김치양념을 만들어 절인 부추에 끼얹는다.

04 양손으로 살살 뒤적여 김치양념으로 버무려 항아리에 담는다.

02 멸치젓국으로 부추 절이기

03 김치양념 만들기

04 김치양념으로 부추 버무리기

- 부추는 조직이 연하므로 양념을 끼얹어 살살 버무려야 풋내가 나지 않는다.
- 부추 자체의 향이 강하므로 양념에 마늘이나 생강의 양을 줄여서 써도 무방하다.
- 부추는 경상도에서는 '정구지', 전라도에서는 '솔' 그 밖에 부채, 부초, 졸 등으로 불리어진다. 또한 '게으름쟁이 풀'이라고 하는데 이는 부추를 먹고 음욕이 동해 해가 중천에 떠올라도 일어나지 않기 때문이며 한편으론 잔손이 안가도 잘 자라서 게으름쟁이라도 키울 수 있기 때문이라고도 한다.

우엉김치는 달작지근한 맛과 향기가 독특하고 아삭아삭 씹히는 감촉이 유별난 경상도와 전라도의 별미김치이다. 우엉牛蒡은 한방에서 해독 · 해열 및 소염작용이 있어서 인후염, 편도선염, 볼거리염, 피부가 헐어 벌겋게 된 상태에 많이 쓰인다.

우엉김치

재료및분량

우엉 1kg
식초 1큰술
굵은 소금 1/2컵
쪽파 100g

김치양념

고춧가루 1½컵, 마늘 100g, 생강 20g, 대파 30g, 멸치액젓 1컵, 통깨 20g
찹쌀풀 1/2컵

만드는법

01 우엉은 껍질을 벗기고 5cm 길이로 잘라 4등분 또는 납작하게 썰거나 연필 깍듯이 썬 후 갈변을 방지하기 위해 식초 탄 소금물에 1시간 정도 담가 놓는다.

02 여러 번 헹군 우엉을 건져 물기를 빼고 김오른 찜통에 넣어 살짝 찐다. 또는 찬물에 자른 우엉을 넣고 우르륵 삶아 낸다.

03 쪽파는 4cm 길이로 자르고 마늘과 생강은 다진다.

04 찹쌀풀을 걸쭉하게 쑤어 식힌 후 멸치액젓과 고춧가루, 다진 파와 마늘, 생강을 섞어 김치양념을 만든다.

05 쪄낸(데쳐낸) 우엉에 쪽파를 섞고 양념과 통깨를 넣어 고루 버무린 후 소금으로 간하여 항아리에 꼭꼭 눌러 담는다.

01 우엉 썰기

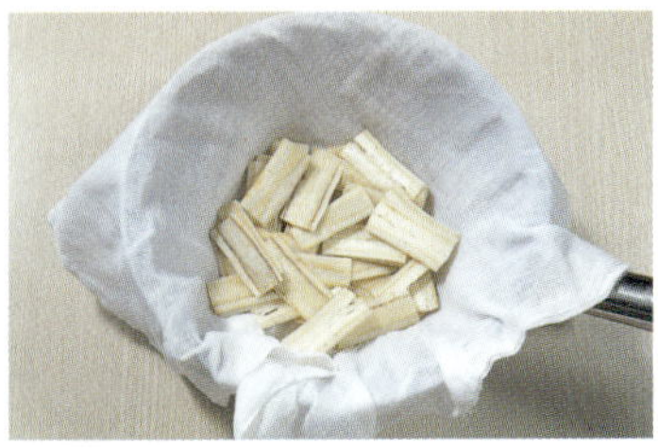
02 찜통에 우엉 찌기

05 김치양념으로 우엉 버무리기

• 우엉은 수분이 적어 김치가 빡빡해지기 쉬우므로 양념을 너무 되게 하지 않도록 한다.

산지散子는 유과류의 일종으로 찹쌀가루에 술을 넣고 반죽하여 시루에 쪄낸다. 공기가 반죽에 고루 섞이도록 방망이로 꽈리가 일도록 치대어서 얇게 민 바탕을 네모 모양으로 편편하게 만든다. 이 바탕을 적당한 크기로 자른 후 말려서 기름에 지져 꿀이나 조청을 바르고 고물을 묻힌 우리나라 최고의 과줄로 꼽힌다.

유과(산자)

재료및분량

바탕반죽
찹쌀 5컵(900g), 소금 1작은술, 소주(청주) 5큰술, 설탕 1작은술
식용유 2작은술
콩물(1/2컵)
흰콩 $1\frac{1}{2}$큰술, 물 1/2컵
고물
쌀튀밥 3컵
집청시럽
설탕 4컵, 조청 4컵, 꿀 5큰술, 생강즙 1컵
고명
볶은 검정깨 3큰술, 대추 5개, 호박씨 3큰술
기타
식용유 2ℓ, 밀가루 1컵

만드는법

01 찹쌀은 씻지 않고 1~2주일 정도 물에 담가 두고, 삭아서 골마지가 끼면 여러 번 씻어 깨끗이 헹구어 소금 간을 하여 고운 가루로 빻아 체에 내린다.

02 01의 찹쌀가루에 소주, 설탕, 식용유, 분쇄기에 간 콩물을 타서 조금씩 넣고 버물버물 섞는다.

03 찜통에 젖은 면보를 깔고 반죽을 안쳐 푹 쪄내어 큰 그릇에 쏟아 방망이로 꽈리가 일도록 힘껏 친다.

04 안반에 밀가루를 뿌리고, 반죽을 펴놓아 방망이로 얇고 편편하게 밀어 두께 0.4cm로 펴 놓아 4cm 정도로 네모지게 썬 바탕을 갈라지지 않을 때까지 말린다.

05 미지근한 튀김기름에 말린 산자바탕을 5~10분 정도 담가 불려 놓았다가 90℃정도의 낮은 기름에 넣어 바탕이 부풀기 시작하면 숟가락으로 네 귀퉁이를 눌러서 모양을 반듯하게 한다.

06 새 기름을 두꺼운 기름팬에 올려 약 170~180℃의 온도가 되면 산자바탕을 넣고 산자가 완전히 부풀도록 튀겨 건져서 기름을 뺀다.

07 뻥튀긴 쌀튀밥을 굵게 부수어 어레미(굵은체)에 내려 아랫부분의 건지를 넓은 쟁반에 펴놓는다.

08 튀겨낸 바탕을 뜨거운 집청시럽에 담갔다가 꺼내어 07의 강반 고물을 묻힌 다음 검정깨나 대추, 호박씨로 장식한다.

1단계 유과(산자) 바탕 만들기

01 찹쌀 삭히기

02 콩 불리기

03 반죽 찜통에 찌기

03 반죽 절구에 치기

04 얇게 밀어서 썰기

04 채반에 널어 말리기

2단계 튀기기

05 기름에 담궈 바탕 불리기

06 뜨거운 기름으로 모양잡기

3단계 집청하여 고물 묻히기

07 쌀튀밥으로 강반 만들기

08 집청하여 강반 묻히기

안동식혜安東食醢는 찹쌀 고두밥에 고운 고춧가루, 무채, 밤채, 생강채를 넣고 고루 섞은 다음 엿기름물을 따라 붓고 따뜻한 곳에서 발효시켜 만든 음료로 무식혜라고도 한다. 식혜의 단맛과 무와 생강, 고춧가루의 매운맛이 어울려 약간 걸쭉하면서 톡 쏘는 듯한 조화로운 맛을 이룬다. 처음에는 먹기가 거북하나 먹어 본 사람들에겐 향수를 불러 일으키는 음료이다.

안동식혜

재료및분량

찹쌀 3컵
엿기름가루 3컵
고운 고춧가루 1컵
무 1/2개
물 30컵
밤채 1컵
생강 3톨
잣 3큰술
꽃소금 1큰술

01 찹쌀 고두밥 찌기

02 엿기름물 체에 내리기

02 엿기름앙금 가라앉히기

03 무채에 고춧가루 섞기

04 혼합 재료에 엿기름 넣어 섞기

만드는법

01 찹쌀은 깨끗이 씻어 충분히 물에 불려 김이 오른 찜통에 넣고 고두밥으로 찐다.

02 고운 엿기름가루는 미지근한 물에 담가 불려 주물러서 체에 받쳐 건지는 꼭 짜서 버리고, 국물은 가라앉혀 맑은 윗물을 따라 놓는다.

03 무는 3~4cm 길이로 채 썰고, 밤, 생강도 곱게 채 썬 다음 소금과 고춧가루를 함께 섞는다.

04 찹쌀고두밥에 03의 고춧가루, 무채, 밤채, 생강채를 고루 섞어서 엿기름물을 따라 붓는다. 다시 고루 섞어 단지에 담고 뚜껑을 덮어 따뜻한 곳에서 발효시킨다.

05 잘 발효된 식혜를 그릇에 담고 잣을 띄워 낸다.

- 무는 가로 · 세로 0.5cm, 두께 0.3cm 정도로 나박썰기를 하여 사용하기도 한다.
- 무는 맛이 맵고 달며 성질은 서늘하다. 적체와 담열을 제거하고 하기下氣하며 중초를 편안하게 한다. 가래를 삭이고 기침을 멎게 하며 갈증해소 및 해독작용과 아울러 식적창만食積脹滿, 토혈, 코피, 소갈증, 이질, 편두통을 치료하는 효능이 있다.

파만두

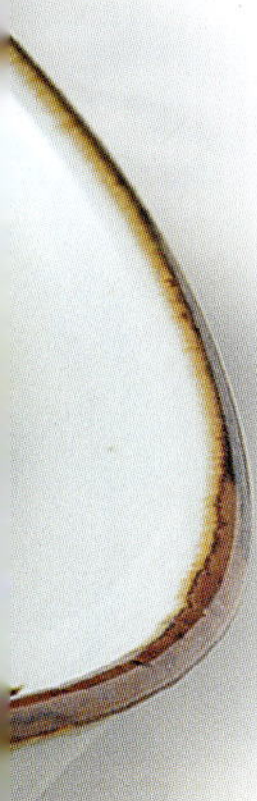

전주비빔밥
전주콩나물국밥
매생이국
파만두
낙지산적
추어탕
낙지호롱
꼬막찜
유과
꽃게양념무침
간장게장
홍어회
홍어어시욱
나주집장
고들빼기김치
파김치
돌산갓김치
수수부꾸미
동아정과
유자화채

지역적 특성에 의해 먹거리가 풍부하며 예부터 고을마다 부유한 토반들이 살면서 집안 대대로 전수되는 맛으로 소문이 나있어 다른 지방이 따를 수 없는 풍류와 맛의 전통을 지니고 있다.

전라도

전주비빔밥은 육수로 밥을 짓고 그 위에 전주의 팔미로 불리는 쥐눈이콩나물, 황포묵, 순창고추장, 참기름, 계절 따라 나는 갖가지 채소들을 색맞추어 담아내는 진미이다.
전주비빔밥의 유래는 농번기의 간편한 식사설, 제사상에 올렸던 음식의 음복설, 궁중에서 종친이 입궐했을 때 대접했던 가벼운 식사설, 새해를 맞기 위한 섣달 그믐날의 묵은 음식 처리설, 임금님몽진설 등 여러가지로 전해져 오고 있다.

전주비빔밥

재료및분량

쌀 2컵(360g), 육수 2.5컵(500g), 소고기(우둔) 120g, 콩나물 200g
애호박 150g , 도라지 60g , 삶은 고사리 100g , 당근 100g, 표고버섯60g
황포묵 120g , 다시마(10cm) , 달걀 4개, 식용유

약고추장

고추장 4큰술, 설탕 1큰술, 육수 4큰술, 꿀 1큰술, 참기름 1큰술

갖은 양념

국간장 1큰술, 다진 파 1/2큰술, 다진 마늘 2큰술, 후춧가루 1/6작은술, 깨소금 1작은술
참기름 1큰술

콩나물 맑은국

콩나물 200g, 멸치다싯물 6컵, 다진 파 1큰술, 다진 마늘 1/2큰술
소금 1큰술(새우젓 국물 1작은술)

만드는법

01 쌀은 씻어 30분 동안 불린 후 육수를 붓고 고슬고슬하게 밥을 지은 다음, 참기름을 조금 넣고 골고루 섞는다.
02 소고기는 곱게 채썰어 배즙과 청주를 1큰술씩 넣고 무쳐서 소금, 후춧가루, 참기름, 다진 마늘, 깨소금으로 양념하여 육회로 사용한다.
03 콩나물은 꼬리를 떼어 내고 삶아서 소금, 파 , 마늘, 깨소금, 참기름 넣어 무친다.
04 애호박은 채썰어 소금에 절인 다음 참기름을 넣고 살짝 볶는다.
05 도라지는 소금에 주물러 헹궈 내어 쓴맛을 없애고 소금, 마늘, 참기름을 넣고 볶는다.
06 불린 표고버섯과 삶은 고사리는 청장, 다진 마늘, 참기름을 넣고 무쳐서 볶는다.
07 당근은 5cm길이로 곱게 채 썰고 소금, 참기름을 넣어 볶는다.
08 황포묵은 5×5cm로 썰어 끓는 물에 데쳐서 소금, 깨소금, 참기름에 무친다.
09 다시마는 식용유에 튀겨 튀각으로 만든다.
10 약고추장은 고추장에 분량의 재료를 넣고 팬에 볶는다.
11 밥 위에 나물을 색 맞추어 돌리고 가운데 육회와 달걀노른자를 얹는다.
12 다싯물에 손질한 콩나물, 파, 마늘, 소금을 넣고, 콩나물맑은국을 끓여 비빔밥과 약고추장을 곁들여낸다.

- 비빔밥은 밥이 고슬고슬해야 맛있으며 비빌 때 젓가락으로 비벼야 밥알이 뭉개지지 않는다.
- 약고추장에 소고기를 넣고 볶기도 한다.

전주콩나물국밥

재료 및 분량

밥 4공기, 물 10컵, 콩나물 400g
배추김치 200g, 참기름 1큰술
다진 마늘 1큰술, 소금 2작은술
후춧가루 1/8작은술, 달걀 4개, 구운 김 1장
다진 청양고추 1큰술, 새우젓 4큰술

육수

북어 1마리, 멸치50g, 다시마(사방10cm)1장
대파 1뿌리, 양파 1/2개, 무 100g, 물 2.5ℓ

만드는 법

01 콩나물은 끓는 물에 삶아 건져 놓는다.

02 콩나물 삶은 물에 북어를 비롯한 육수용 재료를 넣고 끓여 면보에 걸러서 육수를 준비한다.

03 배추김치는 속을 털어내고 송송 썰어서 참기름과 깨소금으로 양념한다.

04 뜨거운 육수에 밥과 콩나물을 토렴하여 뚝배기에 1인분씩 담는다.

05 잘게 썬 김치, 다진 청양고추, 구운 김 등을 얹어 낸다.

06 반숙한 달걀과 새우젓을 곁들여 낸다.

전주콩나물국밥은 예로부터 풍토병을 예방하기 위해 조선의 이름난 먹거리로 손꼽히는 전주의 콩나물로 끓였다고 해서 붙여진 이름이다. 담백하면서도 얼큰함과 개운함이 있어 서민들의 숙취해소에 탁월한 효과가 있는 해장국으로 사랑받았으나 지금은 아침식사용으로 널리 성황을 이루고 있다.

- 개인의 식성에 따라 새우젓을 따로 담아내어 간을 맞추도록 한다.
- 대추, 계피, 흑설탕을 넣고 끓인 모주를 곁들이기도 한다.

매생이국

재료및분량

매생이 400g
굴 150g
물 4컵
대파 1/2뿌리
홍고추 1개
참기름 1작은술
청장(국간장) 1작은술
소금 1/2 작은술
액젓 1/2작은술

만드는법

01 매생이는 촘촘한 체에 밭쳐 살살 흔들어 서너번 헹군 다음 물이 잘 빠지도록 체에 밭쳐둔다.

02 굴은 소금물에 해감을 시킨 후 참기름으로 살짝 볶는다.

03 냄비에 굴과 매생이를 넣고 물을 자작하게 부어 끓으면 굴을 넣고 청장과 간을 한다.

04 곱게 채 썬 대파와 홍고추를 고명으로 올린다.

매생이국은 조선시대 장흥지방의 진상품이었던 녹조류인 매생이로 끓인 국으로 남해안 일부 지역의 정월대보름의 시식이었다. 숙취해소, 변비, 위궤양, 고혈압에 탁월한 효능이 있는 것으로 알려져 각광을 받고 있다. 청정 바닷가에 자생하는 녹조류인 매생이는 파래나 감태보다 훨씬 발이 가늘고 부드러우며 한겨울에만 생산된다.

- 매생이는 오래 가열하면 녹아 물처럼 되기 때문에 약한 불에서 잠깐 끓여 먹어야 한다.
- 매생이는 겨울철에만 생산되므로 냉동저장해 두면 일년 내내 매생이국을 즐길 수 있다.
- 매생이국은 뜨거울 때 탕에 밥을 말아 먹기도 하고 차갑게 해서 먹어도 좋다.

파만두

파만두는 굵은 대파를 쪼개어 가운데에 소를 넣고 밀가루를 묻힌 후 달걀옷을 입혀 마치 옥잠화처럼 아름답게 만들어 익혀낸 것으로 만두처럼 먹을 수 있다 하여 붙여진 이름이다.

재료및분량

굵은 대파 600g
무 70g
소고기 100g
조갯살 30g
흰살 생선 40g
밀가루 1컵
달걀 3개

양념장

소금 1큰술, 다진 파 · 마늘 1큰술씩, 설탕 1작은술, 참기름 · 깨소금 1큰술씩, 후춧가루 1/8작은술

초간장

간장 2큰술, 식초 2큰술, 육수(물) 2큰술, 설탕 1작은술

만드는법

01 대파는 깨끗이 씻어 흰 부분만 8~10cm 정도로 자른다.
02 파뿌리 쪽을 4~6등분 하여 굵기를 3cm 정도가 되도록 쪼갠다.
03 무는 곱게 채썰어 소금에 절인 후 물기를 꼭 짜둔다.
04 소고기, 조갯살, 흰살 생선은 곱게 다져 양념장으로 간하여 절인 무와 함께 섞어 소를 만든다.
05 파 쪼갠 곳에 밀가루를 묻혀 준비한 소를 파 머리 부분에 끼우고 둥글게 뭉쳐 붙여 옥잠화처럼 만든다.
06 여기에 다시 밀가루를 묻혀 달걀을 황백으로 나누어 입힌 다음 번철에 지진 후 끓는 소금물에 넣어 익혀 낸다.
07 물기를 뺀 후 그릇에 담아 초간장과 함께 뜨거울 때에 낸다.

- 파만두는 소금물이 끓을 때 넣어서 익혀야 모양이 흐트러지지 않으며 달걀 흰자옷을 입힌 것부터 먼저 익혀 내어야 색이 곱다.

낙지산적

재료및분량

낙지 2마리
꽈리고추 16개
느타리버섯 100g
꼬치 10개
식용유

양념고추장

고추장 3큰술, 고운 고춧가루 1큰술, 간장 1큰술, 설탕 2큰술, 물엿 1큰술, 다진 마늘 2큰술, 다진 파 1큰술, 생강즙 1작은술, 청주 1작은술, 깨소금 1작은술, 참기름 1큰술

만드는법

01 낙지는 먹통을 떼고 소금과 밀가루로 주물러 씻어서 끓는 물에 살짝 데쳐서, 6~7cm길이로 썰어 칼집을 넣고 참기름과 생강즙으로 밑간한다.

02 꽈리고추는 꼭지를 다듬어서 씻은 다음 소금을 살짝 뿌려둔다.

03 느타리버섯은 끓는 소금물에 데쳐 찬물에 헹군 후 적당한 크기로 찢어 소금과 참기름으로 밑간한다.

04 꼬치에 낙지, 느타리, 꽈리고추 순으로 반복하여 끼운다.

05 고추장에 분량의 재료를 골고루 섞어 양념고추장을 만든다.

06 번철이 뜨거워지면 식용유를 두르고 낙지를 꽂은 꼬치를 놓고 앞뒤로 양념고추장을 발라가며 타지 않도록 번철을 닦으면서 살짝 지져낸다.

낙지산적은 낙지와 꽈리고추, 느타리버섯을 꼬치에 꿰어 양념장을 발라가며 굽는 요리로 술안주나 밥반찬에 잘 어울리는 일종의 꼬치 구이이다.

• 낙지는 너무 익히면 질기고 딱딱해지므로 살짝 익혀서 바로 먹어야 연하고 맛있다.

추어탕은 미꾸라지를 푹 고아 살만 바르거나 뼈째 곱게 갈아 여러 가지 채소를 넣고 양념하여 끓인 토속음식이다. 미꾸라지는 7월부터 11월말까지가 제철이어서 가을 생선이란 의미로 추어秋魚라 불리우며 산채로는 미끄러워 다루기가 어렵다. 미꾸라지의 형태가 없도록 받쳐서 끓이는 것이 보통이나 모양을 통째로 보이게 끓이기도 한다.

추어탕

재료및분량

미꾸라지 600g
느타리버섯 100g
삶은 토란대 100g
삶은 우거지 200g
깻잎 10장
소금 4큰술
대파 1대

육수
소고기(양지머리) 200g 또는 닭뼈 400g, 마늘 1/2통, 생강 1/2톨

양념장
국간장 2큰술, 고추장 1작은술, 고춧가루 2큰술, 다진 파 2큰술
다진 마늘 1큰술, 다진 생강 1큰술, 후춧가루 1/8작은술

고명
다진 풋 · 홍고추 3큰술, 다진 마늘 4큰술, 다진 생강 1작은술

곁들임
들깨가루 3큰술, 산초가루 1/2작은술

만드는법

01 미꾸라지는 큰 그릇에 담아 물을 붓고 하룻밤 두어 해감을 토하게 한 다음 소쿠리에 건져 소금을 뿌려 둔다.
02 01의 미꾸라지는 거품이 없어질 때까지 비벼 깨끗이 헹군 다음 끓는 물에 넣어서 푹 삶아 체에 내리거나 믹서기에 갈아둔다.
03 물에 불린 토란대와 느타리버섯은 삶아 알맞은 길이로 4~6 등분해서 양념장으로 밑간해 둔다.
04 양지머리나 닭뼈에 마늘과 생강을 넣고 푹 끓여 면보에 걸러서 육수를 준비한다.
05 냄비에 육수를 붓고 갈은 미꾸라지와 밑양념한 우거지, 토란대, 느타리버섯을 넣고 푹 끓인다.
06 05를 푹 끓여 깻잎을 넣고 소금으로 간을 맞추고 그릇에 담는다.
07 홍고추, 풋고추, 마늘, 생강을 곱게 다져서 고명으로 올리고 산초가루와 들깨가루를 곁들여 낸다.

01 미꾸라지에 소금 뿌리기

02 미꾸라지 삶기

05 끓이는 도중에 거품 제거하기

• 산 미꾸라지에 소금을 뿌려 항아리에 넣고 뚜껑을 덮어두면 미꾸라지끼리 부딪혀서 거죽의 미끄러운 해감이 제거된다. 이 때 호박잎으로 싹싹 문질르면 해감이 더 깨끗이 제거된다.

낙지호롱은 대나무 젓가락이나 짚묶음에 세발낙지의 머리부터 통째로 끼워 돌돌 감은 다음 양념장을 골고루 바르고 구워낸 것으로 맛도 맛이지만 감긴 것을 돌돌 풀어가며 먹는 재미가 솔솔한 색다른 별미음식이다.

낙지호롱

재료및분량

낙지 1kg
소금 2큰술
밀가루 1큰술
볏짚 1/2단(나무젓가락 15개)
대파 3대

양념간장

진간장 4큰술, 설탕 1큰술, 물엿 2큰술, 다진 파 · 마늘 1큰술씩
생강즙 1작은술, 참기름 1큰술, 깨소금 1큰술

양념고추장

고추장 3큰술, 고춧가루 2큰술, 설탕 2큰술, 물엿 1큰술
다진 파 · 마늘 1큰술씩, 생강즙 1작은술, 참기름 1큰술, 청주 1큰술

01 낙지 손질하기

02 나무젓가락에 낙지 감기

02 감은 낙지다리 마무리하기

02 찜통에 낙지 쪄내기

만드는법

01 낙지는 머리 속의 내장을 꺼내고 먹물을 제거한 후 소금과 밀가루로 주물러 깨끗이 씻는다.

02 낙지에 참기름으로 밑간해 두었다가 짚이나 나무젓가락 끝에 머리를 모자처럼 씌우고 다리부분을 돌돌 말아서 풀리지 않게 마무리한 후 찜통에 쪄내거나 석쇠에 얹어 애벌구이를 한다.

03 대파는 흰 부분을 4~5cm로 잘라 심은 빼내고 곱게 채썰어 찬물에 담구어 둔다.

04 02의 애벌구이한 낙지를 기호에 따라 양념간장이나 양념고추장을 반복해 바르면서 석쇠나 번철에 구워낸다. 그릇에 담아낼 때는 대파채와 생강채를 곁들인다.

- 낙지를 유장처리한 후 나무젓가락에 말아 찜통에 찌거나 석쇠에 1차 구워낸 후 기호에 따라 양념간장이나 양념고추장으로 발라 구워야 속까지 고루 잘 익고 양념도 타지 않는다.
- 세발낙지는 발이 셋인 낙지가 아니라 발이 가는(細) 낙지를 뜻한다.

꼬막찜

꼬막찜은 꼬막을 삶아 한쪽에만 껍질을 붙인 채 양념장을 끼얹거나 초고추장에 무친 찬물로 쫄깃쫄깃한 맛 뿐만 아니라 하나하나 빼먹는 재미가 솔솔한 요리이다.

재료 및 분량

꼬막 500g

양념장

청장(국간장) 1큰술, 진간장 1큰술, 고춧가루 $1\frac{1}{2}$큰술, 다진 파 · 마늘 1큰술씩, 깨소금 1작은술, 참기름 1큰술, 생강즙 1작은술, 청주 1작은술, 후춧가루 1/8작은술

만드는 법

01 꼬막은 싹싹 비벼 깨끗이 씻어 어두운 곳에서 엷은 소금물에 3~4시간 담가 해감을 토하도록 한다.

02 냄비에 물을 조금 붓고 꼬막을 넣어 살짝 익혀 입이 벌어지면 바로 건져 꼬막의 살이 붙은 쪽은 남기고 반대쪽의 껍질을 뗀다.

03 냄비에 물을 조금만 붓고 꼬막을 가지런히 담은 후 준비된 양념장을 끼얹어 바글바글 끓여 낸다.

04 또는 접시에 꼬막을 담고 꼬막살 하나하나에 양념장을 끼얹어 내기도 한다.

• 꼬막은 껍질의 골 사이에 모래나 갯벌의 흙이 많이 붙어 있으므로 여러 번 비벼서 씻고 연한 소금물에 담가 해감을 완벽하게 토하도록 한다.

유곽

유곽은 대합껍질에 된장과 고추장으로 양념하여 볶은 조개살 소를 채워 구워낸 것으로 밥반찬이나 쌈장으로 쓰이는 정성이 깃든 귀한 찬물이다.

재료및분량

소재료
대합(개조개) 2개, 소고기 50g, 조갯살 50g, 미나리 20g, 깻잎 5장, 청양고추 1개, 홍고추 1개
기타
식용유 1작은술, 밀가루 1큰술
양념장
된장 2큰술, 고추장 1/2큰술, 다진 파 · 마늘 1큰술씩, 생강 1작은술, 깨소금 1/2큰술, 참기름 1/2큰술, 청주 1큰술, 후춧가루 1/8작은술

만드는법

01 대합(개조개)은 솔로 깨끗이 씻어 소금물에 담가두어 갯흙을 뺀 후 칼 뒤끝으로 조개 입을 벌려 살을 꺼내 잘게 다진다.

02 소고기와 조갯살도 잘게 다져 대합살과 합친다.

03 미나리, 깻잎은 송송 썰고 청양고추와 홍고추는 다진다.

04 냄비에 다진 소고기와 조갯살을 넣고 청주와 후추를 넣고 볶다가 보슬보슬하게 익으면 잘게 썬 채소와 분량의 양념장을 넣고 물기가 적어져 뭉쳐질 정도까지 저으면서 볶아 소를 만든다.

05 깨끗이 닦은 대합껍질에 식용유와 밀가루를 바른 후 04의 소를 소복히 채워 넣고 석쇠에 얹어 은근히 굽는다.

05 대합껍질에 소 채워 넣기

- 조갯살을 쉽게 빼내려면 냄비에 찬물과 조개를 함께 넣고 끓이면 쉽게 입을 벌린다.
- 유곽을 여유있게 만들어 냉동실에 두었다가 물만 부어 된장찌개로 끓여 먹어도 좋다.

꽃게양념무침은 싱싱한 게살과 여러 가지 양념맛이 어우러져 식욕을 돋구는데는 최고로 꼽힌다. 그래서 대부분의 한식 전문집에는 꽃게양념무침이 꼭 따라 나오는데 봄에는 암케, 가을에는 숫케가 더 맛이 있다. 꽃게는 야행성이어서 달이 없는 그믐 때 잡은 것이 훨씬 맛이 있고 살도 많다.

꽃게양념무침

재료및분량

꽃게 6마리(1.5kg)
홍고추 1개
풋고추 1개
쪽파 3대
통마늘 2쪽
깨소금 약간

밑간장

간장 1컵, 다시마물 1컵, 마른 홍고추 2개, 양파 1/4쪽, 마늘 2쪽, 생강 2톨
대파 1대, 통계피 1쪽

양념장

고운 고춧가루 1컵, 고추장 3큰술, 물엿 1컵, 다진 마늘 3큰술
다진 생강 1큰술, 깨소금 1큰술, 청주 1큰술, 후춧가루 1/2작은술
밑간장 4큰술, 참기름 1큰술, 식초 1큰술

만드는법

01 꽃게는 살아있는 것으로 골라 먼저 집게발을 자르고 솔로 몸통을 씻은 후 배껍질과 등껍질을 떼어 낸다. 등껍질의 허파털과 다리끝을 잘라내고 몸통을 큰 것은 4등분, 작은 것은 2등분으로 자른다.

02 홍고추, 풋고추는 어슷썰어 씨를 털어 내고 마늘은 편으로 썰어 둔다.

03 다시마물에 분량의 간장, 마른 홍고추, 양파, 생강, 마늘, 통계피 등 향신채소를 넣고 팔팔 끓여 완전히 식힌 후 밑간장을 만든다.

04 끓인 밑간장을 식혀 꽃게에 붓고 3~4 시간 간이 충분히 들게 한다.

05 분량의 고춧가루와 물엿 등을 합쳐 양념장을 만들어 밑간이 든 꽃게와 썰어 둔 홍고추, 풋고추, 마늘을 함께 무쳐 낸다.

06 참기름과 통깨를 넣고 살짝 버무린다.

게 손질하는 법

- 살아 있는 꽃게를 손질할 때 가장 먼저 집게발을 잘라야 손을 다칠 염려가 없다.
- 꽃게양념무침은 오래 두고 먹는 것이 아니라 양념장을 버무린 후 2~3일 안에 다 먹도록 한다.

간장게장은 참게나 반장게를 통째로 담금간장에 담구어 맛이 은근히 속살까지 스며들게 한 최고의 맛난 반찬이다. 간장게장은 민물게나 보통게의 반만한 크기의 반장게로 담근 간장게장으로 소고기 날것을 잘게 썰어 항아리에 넣으면 게가 순식간에 먹어버리는데 이렇게 고기 먹은 게로 간장을 담그면 훨씬 맛이 좋고 별미 중의 별미라 한다.

간장게장

재료 및 분량

반장게 1kg

담금간장

맛술 1/2컵, 대파 2대, 간장 3컵, 건새우 우린 물 3컵, 생강 2톨, 통마늘 2쪽
건고추 3개, 계피(5cm 길이) 1쪽, 감초 2~3쪽, 통후추 1작은술, 소주 4큰술

01 꽃게 다듬기

04 담근간장 만들기

05 담근간장 붓기

만드는 법

01 게는 껍질째 솔로 문질러서 깨끗이 씻은 후 물기를 닦는다.
02 대파는 구워서 3~4cm로 썰고 건고추는 가위로 어슷하게 자른다.
03 생강은 얇게 편으로 썰고, 마늘은 통째로 준비한다.
04 냄비에 간장과 건새우 우린 물, 맛술, 소주, 통후추, 계피, 건고추, 생강, 감초를 넣고 10분쯤 팔팔 끓인 후 완전히 식혀 담금간장을 만든다.
05 손질한 게를 단지에 담고 끓여 식힌 담금간장을 붓는다.
06 사흘쯤 후에 간장물을 따라내어 냄비에 붓고 센 불에서 끓여 한소끔 끓으면 불을 약하게 하여 10분 정도 끓인 다음 식힌다.
07 끓여 식힌 담금간장을 다시 게장 단지에 붓는다. 3일 후 게와 담근간장을 분리하여 게는 냉동고에 간장물은 냉장고에 넣어두고 필요할 때마다 꺼내 먹는다.

- 간장게장은 보통 작은 게나 민물참게로 만드나 살이 많은 숫꽃게로 담그기도 한다.
- 간장게장을 합쳐서 보관하면 단백질이 분해되어 살이 녹아 버리므로 게와 담금간장은 분리하여 냉동과 냉장고에 보관하여야 한다.

홍어회

홍어회는 전라도지역의 경사스런 잔칫날에는 막걸리, 묵은 김치와 함께 홍탁삼합이란 이름으로 반드시 상에 오르는 음식으로, 양념하지 않은 삭힌 홍어회의 참맛을 즐길 수 있는 별미음식이다.

재료및분량

홍어 500g
대파 3대

초고추장

고추장 3큰술, 식초 6큰술, 배즙 2큰술, 설탕 3큰술, 꿀 2큰술, 생강즙 1작은술, 매실청 1작은술, 다진 파 · 마늘 1큰술씩

새우젓양념

새우젓 2큰술, 다진 풋 · 홍고추 1/2개씩

만드는법

01 홍어는 살이 단단하고 붉은색을 띄고 싱싱한 것으로 골라 홍어 등의 양눈 아래쪽에 껍질을 벗기기 쉽도록 칼집을 낸 후 한 손으로 홍어를 잡고 벗겨낸다.

02 등쪽 껍질을 벗긴 후 뒤집어서 배쪽에 칼집을 넣어 내장을 빼내고 크게 토막을 낸다.

03 토막낸 홍어와 볏짚을 켜켜로 담아 바구니를 덮어 18~20℃의 온도에서 3~4일 삭힌다.

04 톡 쏘는듯한 자극적인 향과 맛이 나면 꺼내어 머리와 꼬리를 떼어내고 길이 5cm, 너비 1cm 크기의 결 반대 방향으로 썬다.

05 찬물에 담구어서 물기를 제거한 대파채와 초고추장을 함께 곁들여 낸다.

- 간편한 방법으로 홍어를 먹기 좋은 크기로 썰어 막걸리나 식초에 담구어 3~4일간 삭히기도 한다.
- 홍어가 워낙 고가이라 시중에서는 가오리로 대신하는 경우가 많다.

홍어어시욱

재료및분량

홍어 600g
대파 1대
마늘 3쪽
달걀 1개
홍고추 2개
석이버섯 5장

양념장

청장(국간장) 2큰술, 다진 파 · 마늘 1작은술씩, 깨소금 · 물 · 참기름 · 식초 1큰술씩

만드는법

01 홍어는 내장을 제거하고 소금물에 흔들어 씻어 큼직하게 토막내어 채반에 널어 하루정도 꾸덕꾸덕하게 말린다.

02 파 · 마늘은 곱게 채 썰고 실고추는 3cm 길이로 짧게 자른다.

03 찜기에 면보나 짚을 깔고 토막낸 홍어를 얹고 그 위에 파채, 마늘채, 석이버섯채를 고루 뿌리고 다시 면보나 짚으로 덮고 센 불에서 15분 정도 찐다.

04 홍어를 꺼내어 한 김 나간 후에 달걀황 · 백 지단채, 실고추를 고명으로 올린다.

05 양념장을 곁들어 낸다.

홍어어시욱은 토막내어 꾸덕꾸덕하게 말린 홍어에 파, 마늘, 실고추, 석이버섯, 달걀황 · 백 지단채를 뿌려 쪄낸 것으로 양념장과 함께 내는 별미음식이다.

• 충청도에서는 홍어보다 크기가 작은 간재미를 사용하여 홍어어시욱이나 홍어무침과 같은 방법으로 간재미찜이나 간재미회무침을 만들어 먹는다.

나주집장은 담가서 바로 먹는 속성장으로 담그는 시기가 특별히 정해진 것은 아니지만 보통 늦가을이나 초겨울에 끝물인 채소를 갈무리하면서 많이 담근다. 채소를 많이 넣고 담기 때문에 '채장', 삭은 집장이 검다고 해서 '검은장'이라고도 한다. 전통적인 방법은 집장을 만들어 퇴비 속이나 왕겨분 속에 묻어 익힌다.

나주집장

재료및분량

불린찹쌀 800g(찹쌀 500g)
메줏가루 300g
고춧가루 600g
엿기름가루 100g
청장(국간장) 2컵
천일염 300g
고춧잎 50g
무 600g
배추 300g
다진 생강 1/3컵
다진 마늘 1컵
메주콩 삶은 물 적당량

만드는법

01 물에 불린 찹쌀은 김오른 찜통에 50분간 쪄낸 후 한 김이 나가도록 식힌다.
02 큰 그릇에 쪄낸 찰밥, 메줏가루, 엿기름가루와 고춧가루를 넣어 잘 섞어 메주혼합찰밥을 만든다.
03 무와 배추는 나박나박 썰어 소금물에 절여 건져 놓는다. 마른 고춧잎은 따뜻한 물에 불려 헹구어 꼭 짜 둔다.
04 고루 잘 섞어둔 메주혼합찰밥에 소금물에 절여 물기를 없앤 채소들을 넣어 잘 섞고, 주걱으로 저어가며 분량의 국간장과 소금을 나누어 넣어 가며 간을 약간 세게 맞춘다.
05 메주콩 삶은 물로 농도를 걸쭉하게 맞추어 항아리에 담아 숙성시킨다.

• 집장에 들어가는 채소는 날것으로 그냥 넣으면 물러지기 쉬우므로 말리거나 소금 또는 간장에 절여서 수분을 빼고 사용해야 한다. 장아찌는 그대로 써도 좋으며 바싹 마른 것은 물에 불렸다가 꼭 짜서 쓴다.

고들빼기김치는 겨울 김장철에 담가 놓았다가 겨우내 먹는 별미김치로 쌉쌀한 맛과 향이 마치 인삼과 같다고 하여 '인삼김치'라고도 한다. 고채苦菜라 이름지어진 고들빼기는 줄기와 잎을 꺾으면 흰 유액이 나오는데 봄철에는 어린 잎을 따서 생채나 쌈나물로도 이용한다.

고들빼기김치

재료및분량

고들빼기 1kg
쪽파 300g
밤 50g
대파 60g
굵은 소금 100g

김치양념

고춧가루 2컵, 멸치젓 1/2컵, 황석어젓 1/2컵, 마늘 2통, 생강 20g
통깨 10g, 설탕 1큰술, 찹쌀풀 1컵, 조청(물엿) 2큰술

만드는법

01 뿌리가 굵고 잎이 연한 고들빼기를 뿌리째 깨끗이 씻어 물기를 뺀 후 연한 소금물을 한두 번 갈아주며 돌로 눌러 1주일 정도 누렇게 삭혀 쓴맛을 우려낸다.

02 삭힌 고들빼기는 그늘진 곳에서 약간 꾸덕꾸덕할 정도로 말린다.

03 멸치젓과 황석어젓은 같은 양의 물을 부어 끓여서 소쿠리에 종이타올을 깔고 걸러서 맑은 젓국을 만든다.

04 밤은 껍질을 벗겨 납작납작하게 썰어 둔다.

05 끓여 식힌 찹쌀풀에 맑은 젓국과 고춧가루를 섞어서 불린 후 다진 생강과 마늘, 조청, 통깨, 소금, 설탕을 넣어 함께 섞어 김치양념을 만든다.

06 소금물에 살짝 절인 쪽파와 4cm 길이로 썬 대파를 고들빼기와 함께 김치양념으로 잘 버무린 후 엉키지 않게 타래를 만들어 항아리에 꼭꼭 눌러 담아 익힌다.

01 소금물에 고들빼기 절이기

01 돌로 눌러 삭히기

03 맑은 젓국 거르기

05 김치양념 준비하기

05 김치양념 만들기

06 양념 버무려 타래 짓기

- 김치를 담글 때는 뿌리째 뽑아서 일주일 정도 옅은 소금물로 삭혀 쓴맛을 우려낸 후 사용한다.
- 고들빼기는 자생한 것일수록 고들빼기 본래의 맛을 즐길 수 있다.

파김치는 중간 굵기의 쪽파를 멸치젓갈과 고춧가루를 넉넉히 넣어 담그므로 맛이 진한 매운 김치로 고들빼기김치나 갓김치처럼 오래 묵혀야 깊은 맛이 난다.

파김치

재료및분량

쪽파 1단(1kg)
갓 1/4단
김치양념
고춧가루 $1\frac{1}{2}$컵, 쌀조청 1/2C, 멸치액젓 1컵, 새우젓 1/2컵, 통깨 1큰술
소금 1작은술, 찹쌀풀 1컵(찹쌀가루 1/4 : 물 1)

01 멸치액젓으로 쪽파 절이기

02 김치양념 준비하기

만드는법

01 쪽파는 뿌리를 잘라내고 흰 부분을 비벼 씻은 후 뿌리 부분에 멸치액젓의 반을 뿌려 절여지면서 생기는 물로 잎도 자연히 절여지게 한다. 도중에 한번 뒤집어 고루 절이는데 이때 갓도 함께 절인다.
02 남은 젓국에 고춧가루를 풀어 불리고 묽게 쑨 찹쌀풀과 나머지 양념을 넣어 김치양념을 만든다.
03 절여진 파와 갓의 줄기 부분에 김치양념을 고루 바른 후 버무린다.
04 파와 갓을 섞어 한 번에 꺼내 먹을 수 있는 양만큼 타래를 지어 항아리에 꼭꼭 눌러 담는다.

02 김치양념 완성하기

03 김치양념으로 버무리기

04 타래 지어 마무리 하기

- 일반적인 방법은 소금물에 파를 절여 다진 마늘과 생강을 넣고 고춧가루로 색을 내고 젓국으로 간을 하기도 한다.
- 경상도에서는 파김치를 담글 때 마른 오징어를 길이 4cm 폭 0.5cm로 잘라 파와 같이 넣어 버무리는데 이는 숙성되는 동안 물이 생기지 않게 함이다.

돌산갓김치는 여수의 돌산이라는 섬에서 나는 갓으로 담근 김치로 톡쏘는 매운맛과 섬유질이 적어 부드러우며 독특한 향을 가지고 있어서 전국적으로 명성을 얻고 있다.

돌산갓김치

재료및분량

갓 2단 (2kg)
쪽파 1/2단
굵은소금 1컵

김치양념

마늘 80g, 양파 100g, 생강 20g, 고춧가루 2컵, 건고추 100g, 갈치속젓 1/2컵
쌀조청 1/2컵, 새우젓 2컵, 생새우 1컵, 통깨 30g, 실고추 10g
찹쌀풀 2컵(찹쌀가루 1/4 : 물 1)

01 소금물에 갓과 쪽파 절이기

02 찹쌀풀 쑤기

03 믹서에 건고추 갈기

만드는법

01 갓은 연한 것을 골라 쪽파와 함께 소금물에 3~4시간 정도 절여 물에 헹구어 물기를 뺀다.
02 찹쌀풀은 약간 되직하게 쑤어 식힌다.
03 건고추는 씨를 뺀 후 물에 불려 양파와 함께 믹서기에 간다.
04 소금물에 흔들어 씻어 다진 생새우를 갈아놓은 건고추와 양파, 다진 마늘과 생강, 찹쌀풀, 다진 갈치속젓과 새우젓, 고춧가루를 섞어 김치양념을 만든다.
05 갓과 쪽파를 김치양념에 고루 버무린다.
06 김치양념에 버무린 갓과 쪽파를 함께 3가닥 정도씩 모아 잡고 똬리를 만들어 항아리에 담고 통깨와 실고추를 뿌린다.

04 김치양념 만들기

05 김치양념으로 고루 버무리기

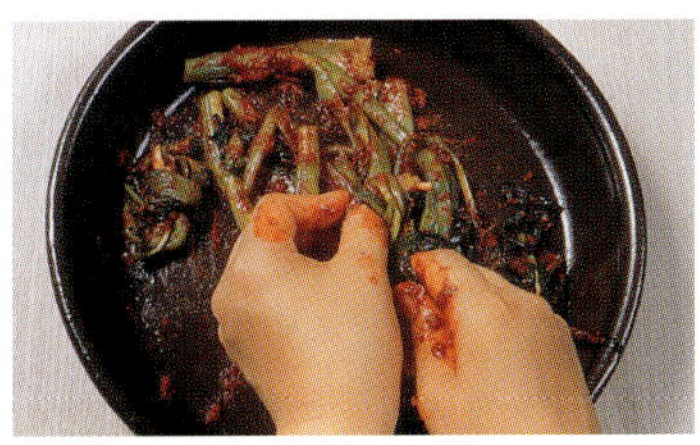
06 똬리 지어 마무리 하기

- 지방과 기호에 따라서 갈치속젓 대신 멸치젓을 사용하기도 한다.
- 담근지 보름이면 익어서 먹을 수 있으며 웃소금을 넉넉히 뿌려두면 이듬해 봄이나 여름까지도 저장할 수 있다.
- 잘 익은 갓김치의 톡쏘는 매운맛은 잃었던 입맛을 찾는데 손꼽히는 김치로서 손색이 없다.

수수부꾸미는 찹쌀가루와 찰수수가루를 뜨거운 물로 익반죽하여 동글납작하게 빚어 여러 가지 소를 넣어 반달 모양으로 접어 기름에 지진 떡이다. 부꾸미는 화전이나 주악처럼 기름에 지지는 떡의 일종이나 소를 넣고 반으로 접어 다시 지지는 것이 다르며 떡의 재료로는 찹쌀, 찰수수 등 차진 곡물로 만든다.

수수부꾸미

재료 및 분량

찹쌀가루 2컵
찰수수가루 3컵
소금 1작은술
끓는 물 2/3컵
설탕 1/2컵
식용유 1/2컵

녹두소

녹두고물 4컵, 설탕 1/2컵, 소금 1작은술, 꿀 3큰술

고명

대추 6개, 국화잎(쑥갓) 1/2컵

만드는 법

01 찹쌀은 깨끗이 씻은 후 물에 6시간 정도 충분히 담갔다가 소쿠리에 건져 물기를 빼고, 찰수수도 충분히 물에 불려 여러 번 물을 갈아 가며 씻어서 건져 물기를 뺀다.

02 찹쌀과 찰수수 각각에 소금을 넣고 가루로 빻아 체에 내려 끓는 물로 익반죽하여 오래 치댄 다음 직경이 6~7cm 정도가 되도록 동글납작하게 빚어 놓는다.

03 대추는 돌려 깎아 씨를 뺀 뒤 곱게 말아 썰고 쑥갓은 깨끗이 씻어 잎을 뜯어 놓는다.

04 번철에 기름을 두르고 빚은 반죽을 놓고 한 면이 익으면 가운데에 녹두소를 넣고 반을 접어 가장자리를 꼭꼭 눌러 붙이면서 익힌다.

05 떡이 익어서 투명해지면 다시 뒤집어 숟가락으로 눌러서 붙인 다음 뜨거울 때 대추꽃과 국화잎으로 장식하고 접시에 담아 부꾸미가 식기 전에 설탕을 조금 뿌린다.

01 소금 간한 찹쌀 빻아 체 내리기

01 찰수수 씻기

02 찹쌀가루와 찰수수가루 섞어 반죽하기

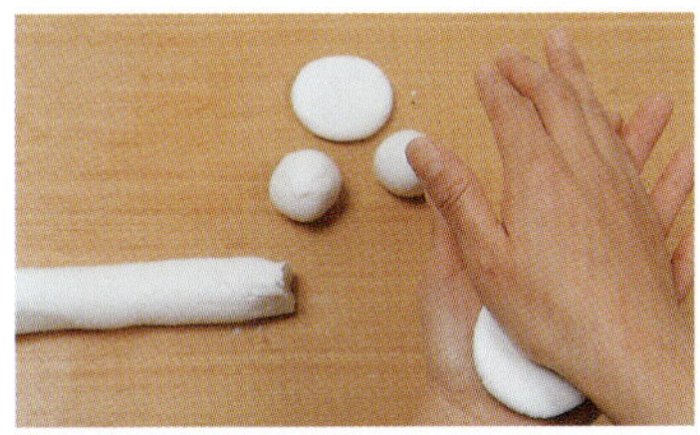

02 찹쌀 반죽 빚기

04 녹두소 넣은 떡 가장자리 눌러 지지기

05 지진 떡 위에 대추꽃과 국화잎으로 장식하기

- 지져낸 부꾸미가 식기 전에 설탕이나 꿀을 바른다.
- 녹두소 대신 거피팥고물소를 써도 좋다.

동아정과는 동과정과冬瓜正果라고도 하며 동아의 껍질을 벗기고 속을 파내어 적당한 크기로 썰어 꼬막재가루(사횟가루)와 섞어 두었다가 맑은 물에 우려낸 후 꿀이나 조청으로 조린 것으로 남쪽지방에서는 정과류 중 가장 으뜸으로 친다. 옛부터 동아정과는 만들기가 까다롭고 익히면 쉬 무른다고 「규합총서 1815」에 기록되어 있을 정도로 정성이 많이 들고 아삭아삭한 맛이 일품인 정과이다. 한방에서 동아는 맛이 달고 싱거우며 성질은 서늘하다.

동아정과

재료및분량

동아 1kg
꼬막껍질 재가루 20g
담그는 물 3컵
조청 3컵

01 동아 도톰하게 썰기

02 사횟가루 만들기

04 사횟가루 섞은 동아 우린물 갈아주기

05 조청 넣고 동아 조리기

만드는법

01 동아는 서리를 맞아 뽀얗게 흰 가루가 핀 것으로 골라 사방 8cm크기로 도톰하게 썰어 껍질을 벗기고 씨와 속을 긁어 낸다.
02 달구어진 석쇠에 꼬막껍질을 얹고 태우다가 찬물을 끼얹어 사횟(沙灰)가루(꼬막껍질 태운 재)를 만든다.
03 동아 썬 것을 사횟가루 탄 물에 담그어 하룻동안 살을 단단하게 해 준다.
04 재가 묻은 동아를 말끔히 씻어낸 다음 맑은 물에 3시간씩 다섯 차례 정도 물을 갈아 우려낸다.
05 바닥이 두꺼운 냄비에 동아를 차곡차곡 담고 분량의 조청을 동아가 잠길 정도로 넣고 12시간 정도 재운다.
06 아주 약한 불에서 동아가 멍울이 없어질 때까지 오랫동안 서서히 조려 식혀서 작은 단지에 보관하여 두었다가 두꺼우면 먹을 때 납작하게 썰어낸다.

- 동아를 조릴 때 불을 세게하면 부풀어 올랐다가 금방 꺼져 실패하기 쉬우므로 주의한다.
- 사횟가루는 동아를 단단하게 하여 씹을 때 아삭아삭한 감을 준다.

유자화채는 유자껍질, 유자속, 배, 석류알에 꿀물을 부어 석류알과 잣이 보석처럼 아름다우며 달콤한 맛과 유자의 향긋한 내음이 잘 어울리는 것이 일품으로 궁중에서 즐겨 먹던 음료이다. 유자화채를 만들어 차게 두었다가 시원하게 마시면 그 싱그러운 맛이 입안에 가득해서 더할 나위 없는 산뜻한 후식이다.

유자화채

재료및분량

유자 2개
배 1개
석류알 2큰술
설탕 4큰술
잣 1큰술
꿀물
꿀 2큰술, 물 6컵, 설탕 4큰술

01 끓는 소금물에 유자 튀하기

02 유자속을 설탕에 버무리기

02 유자 겉과 속껍질 채 썰기

02 채썬 유자를 설탕에 버무리기

만드는법

01 유자는 끓는 소금물에 튀한 후 십자로 4등분하여 속 부분은 씨를 빼내고 2~3조각으로 자른 후 설탕으로 버무려둔다.

02 유자 껍질은 칼을 뉘어 겉껍질과 속껍질을 분리한 후 각각 가늘게 채 썬다. 배도 껍질을 벗기고 얇게 저며 유자와 같은 크기로 채 썬 후 각각 설탕으로 버무려 둔다.

03 설탕물을 끓인 후, 차게 식혀서 꿀을 섞어 화채국물을 만들어 놓는다.

04 화채그릇에 유자채, 배채를 돌려 담고 석류알과 유자속, 잣을 가운데 담은 뒤, 준비한 꿀물시럽을 가만히 부어 잠시 유자향이 우러나면 상에 낸다.

- 유자는 익히지 않고 생으로 먹는 것이므로, 겉표면을 끓는 소금물에 튀하거나 굵은 소금으로 문질러 잘 닦아 사용하여야 한다.
- 건지를 담고 화채국물을 부을 때 모양이 흐트러지지 않도록 가만히 붓는다.
- 유자를 설탕이나 꿀에 재워 유자청을 만들어 유자차와 두텁떡 등에 사용하기도 하며 유자껍질을 말려 두었다가 물에 달여서 마시면 주독, 신경통, 소화불량 등에 효능이 있다.

자리구이

전복죽

깅이죽

오분자기찜

해물뚝배기

갈치호박국

자리구이

옥돔구이

갈치조림

깅이조림 · 볶음

톳무침 · 톳냉국

고사리전

자리 · 한치물회

양애장아찌

유채김치

전복물김치

빙떡

오메기떡

제주도 사람의 부지런하고 소박한 성품이 음식에도 나타나 재료가 가진 자연의 맛을 그대로 살리며 음식을 많이 차리거나, 여러 가지 재료를 섞어서 만드는 음식은 별로 없다.

제주도

전복죽은 전복을 얇게 저며서 불린 쌀과 함께 쑨 별미죽으로 내장을 함께 넣으면 은은한 녹두빛이 나며 특이한 향과 쌉쌀한 맛이 난다. 전복은 옛부터 임금님께 올렸던 제주도의 진상품으로 8~10월에 가장 맛이 있으며 겨울에는 살이 말라서 맛이 없다.

전복죽

재료및분량

전복(껍질째) 300g
멥쌀 2/3컵
참기름 2큰술
물 7컵
청장 또는 소금 1큰술

만드는법

01 멥쌀은 씻어서 2시간 이상 물에 불린 다음 체에 밭쳐 물기를 제거한다.

02 전복은 솔로 깨끗이 씻은 다음 껍질이 얇은 쪽에 숟가락을 넣어 살을 떼내어 얇게 저며 썬다. 내장은 따로 떼어낸다.

03 두꺼운 냄비에 참기름을 두르고 얇게 저며 썬 전복을 넣어 볶다가 불린 쌀을 넣고 쌀알이 투명해지도록 볶은 후, 물을 반쯤 붓고 센불에서 끓인다.

04 한번 끓어 오르면 불을 약하게 하고 나무주걱으로 저으면서 나머지 물을 붓고 잘 어우러질 때까지 서서히 끓인다. 내장은 마지막에 터뜨려 넣는다.

05 죽에 청장이나 소금으로 간을 맞춘다. 달걀 노른자와 구워 부순 김, 참깨를 곁들여 낸다.

02 전복 준비하기

02 전복 얇게 저며 썰기

• 전복은 조개류 중에서 가장 귀하고 값이 비쌀 뿐만 아니라 단백질이 많고 지방질이 적으며 체내 흡수율이 높아 임신부, 노인, 어린아이, 환자의 보양식품으로 널리 이용되고 있다. 한방에서 "석결명", "천리광" 으로 불리우며 간과 콩팥의 기운을 돋울 뿐만 아니라 이름대로 눈을 밝히는 효능이 있는 것으로 알려져 있다.

깅이죽

재료및분량

바닷게 200g
소고기 50g
멥쌀 2/3컵
물 7컵
소금 2작은술
참기름 2큰술

만드는법

01 쌀은 씻어서 2시간 이상 물에 불린 다음 체에 밭쳐 물기를 제거한다.
02 바닷게는 옅은 소금물에 담가 해감시키고 항아리에 도로 담아 소고기를 잘게 썰어 넣는다.
03 순식간에 소고기를 먹어 치운 게를 생으로 짓찧거나 아주 곱게 갈아 국물만을 밭쳐 둔다.
04 두꺼운 냄비에 참기름을 두르고 불린 쌀을 볶다가 게국물을 붓고 센 불에서 끓인다.
05 한번 끓어 오르면 불을 약하게 하고 나무 주걱으로 저으면서 잘 어우러질 때까지 서서히 끓인다.
06 소금으로 간을 맞춘다.

깅이죽은 게죽의 제주도 방언으로 작은 바닷게를 갈은 국물로 끓인 죽으로 옛부터 관절통에 효능이 있다고 알려져 있어서 해녀들이 애용하는 별미음식이다.

03 게에게 소고기 먹이기

오분자기찜

재료및분량

오분자기 10개

양념장

간장 3큰술, 물 1½컵, 고춧가루 1큰술, 대파 1대, 홍고추 · 풋고추 1개씩, 마늘 2쪽, 청주 1큰술, 후춧가루 1/8작은술, 생강 1톨, 깨소금 1/2작은술

만드는법

01 오분자기의 껍질은 솔로 깨끗이 문질러 씻고 위에 칼집을 십자모양으로 넣는다.

02 냄비에 간장, 물, 청주, 고춧가루, 후춧가루를 넣고 삼삼하게 만든 양념장을 끓여 오분자기를 넣어 살짝 데치는 과정을 2~3번 반복한다.

03 양념장 국물에 다진 파 · 마늘, 생강을 넣고 조려낸 양념장을 02의 오분자기 위에 끼얹는다.

04 짧게 썬 홍고추, 풋고추채를 오분자기 위에 얹어 고명한다.

01 오분자기 다듬기

• 오분자기는 몸에 6~8개의 구멍이 있으며 이 구멍이 껍질 위로 솟아 올라 앉은 것이 전복과 다른 점이다. 껍질 안쪽에 화려하고 강한 진주광택이 있어 나전칠기에 이용된다.

오분자기찜은 전복과 비슷하게 생긴 작은 조개인 오분자기를 익혀 양념장을 끼얹어 내는 일종의 찜으로 쫄깃하면서도 부드러운 감칠맛과 향이 일품이다. 오분자기를 데치지 않고 양념장으로 바로 조리면 육질이 질겨진다.

해물뚝배기

해물뚝배기는 제주도의 갖가지 싱싱한 해물과 된장을 풀어 넣고 끓여 바다내음이 물씬 풍기며 담백하고 시원한 맛이 일품으로 최고의 속풀이 해장국으로 손꼽힌다.

재료및분량

해물
닭새우 100g, 소라 80g, 오분자기 100g, 맛조개 80g, 모시조개 80g, 바지락 80g

부재료
표고버섯 2장, 대파 1대, 풋고추 · 홍고추 1개씩

양념
고춧가루 1큰술, 된장 3큰술
다진 마늘 2큰술, 다진 생강 1작은술, 물(쌀뜨물) 4컵, 후춧가루 1/4작은술, 청주 1큰술

만드는법

01 모시조개, 바지락, 소라, 맛조개는 엷은 소금물에 담가 해감을 토하게 한 다음 빡빡 문질러 여러 번 헹구어 물기를 뺀다.

02 오분자기의 껍질은 솔로 문질러 씻어 가장자리에 까맣게 붙은 것을 털어내고 오분자기의 살은 손으로 살살 문질러 씻는다.

03 뚝배기에 물(쌀뜨물) 4컵을 붓고 된장과 고춧가루를 풀어 끓이다가 모시조개, 맛조개, 오분자기, 바지락, 닭새우 등 해물을 넣어 한소끔 끓인다.

04 03에 어슷 썬 풋 · 홍고추와 대파, 다진 마늘 등의 양념을 넣고 끓여 맛이 어우러지면 소금으로 간을 맞춘다.

• 조개종류는 껍질째 조리하기 때문에 손질할 때 해감을 잘 시키는 것이 무엇보다 중요하며 오래 끓이면 질겨지므로 충분히 예열을 이용할 수 있는 뚝배기를 사용하는 것이 바람직하다.

갈치호박국

재료및분량

갈치(중) 1마리
늙은(단)호박 2조각
풋배추(봄동) 50g
풋고추 1개
홍고추 1개
실파 30g
청장(국간장) 1큰술
다진 파 · 마늘 1큰술씩
후춧가루 1/8작은술
액젓 1작은술
물 6컵

만드는법

01 갈치는 은비늘이 붙은 상태에서 내장과 지느러미를 제거하고 5cm 길이로 토막내어 썬다.

02 늙은(단)호박은 껍질을 벗겨 4×5cm크기, 1cm두께로 썬다.

03 풋, 홍고추는 어슷하게 썰어 씨를 빼고 풋배추는 4~5cm 길이로 썬다.

04 갈치머리와 꼬리를 끓여 우려낸 육수를 냄비에 넣고 끓으면 갈치와 단호박을 넣고 끓인다.

05 한소끔 끓으면 풋배추와 다진 파, 마늘을 넣고 끓이다가 어슷 썬 풋고추, 홍고추, 실파를 송송 썰어 넣고 국간장과 후춧가루, 소금으로 간을 맞춘다.

갈치호박국은 싱싱한 은빛 갈치와 잘익은 호박을 넣고 끓인 구수하고 시원한 맛이 일품으로 속풀이 해장국으로 널리 알려져 있는 제주의 토속음식이다. 갈치는 칼처럼 생겼다고 해서 붙여진 이름으로 군대어裙帶魚, 도어刀魚라고도 한다.

• 제주 연근해에서 낚시로 잡아 올린 싱싱한 은빛 갈치는 회로도 먹는데 특유의 쫄깃함과 고소함은 육지에서는 맛볼 수 없는 싱싱함의 극치를 이룬다.

자리구이

재료 및 분량

자리 400g
왕소금 1/2컵

만드는 법

01 자리는 비늘을 벗기고 내장을 제거한 후 칼집을 드문드문 넣어 왕소금을 뿌려 하룻밤 정도 재워둔다.

02 소금을 뿌려둔 자리는 잠깐 볕에 말려 물기를 걷은 후 달구어진 석쇠에 기름을 바르고 놓아 타지 않게 굽는다.

자리구이는 자리돔이라는 8~12cm 정도의 작고 까만 도미 종류의 생선에 소금을 뿌렸다가 구워 내는 요리로 외지에 나가 있는 제주 사람들의 향수를 불러 일으키는 제주도의 대표적인 향토음식이다.

- 자리돔은 5월 하순부터 8월까지가 산란기이므로 이 시기에 맛이 제일 좋다.
- 지방과 글루탐산의 함량이 많아 구수하며 감칠 맛이 있으며 소금구이 뿐만 아니라 물회, 간장에 조리거나 젓을 담가 먹기도 하는데 그 맛이 일품이다.

옥돔구이

재료및분량

옥돔 2마리
대파 1/2대
식용유 2큰술
소금 4큰술

만드는법

01 옥돔은 비늘을 벗기고 내장과 지느러미를 제거한 다음 배를 갈라서 소금을 뿌린 후 햇볕에 꾸덕꾸덕하게 말린다.
02 석쇠나 번철을 달군 후 기름을 두르고 옥돔을 노릇노릇하게 굽는다.
03 대파는 흰부분을 4cm로 자른 후 곱게 채 썰어 찬물에 담구었다 물기를 제거한 후곁들여 낸다.

옥돔구이는 도미의 여왕이라는 옥돔을 배를 갈라 소금을 뿌려 꾸덕꾸덕하게 말린 뒤 구운 것으로 담백한 맛이 일품이다. 구이 뿐만 아니라 현지에서는 싱싱한 옥돔으로 미역이나 호박을 넣고 국을 끓이는데 별미로 손꼽힌다.

• 남해와 제주도 연안에서 잡히는 옥돔은 클수록 맛있다. 흰색, 붉은색, 노란색이 있으며 맛은 흰색이 가장 좋다. 옛부터 궁중 진상품일 만큼 귀한 생선이었으며 지금은 인지도가 가장 높은 제주도의 특산품으로 자리잡고 있다.

갈치조림

갈치조림은 신선한 은빛 갈치를 큼직큼직하게 썬 무와 함께 푹 익혀 조려낸 것으로 입에 착 달라붙는 감칠맛이 일품인 밥반찬이자 술안주이다.

재료 및 분량

갈치 1마리
무 400g
홍고추 1개
풋고추 1개
대파 1/2대

조림양념장

진간장 2큰술, 고춧가루 4큰술, 고추장 1큰술, 국간장(청장)1큰술, 맛술 4큰술, 설탕 1큰술, 물 2큰술, 다진파 · 마늘 1큰술씩, 생강즙 2작은술, 통깨 1작은술, 후춧가루 1/8작은술

만드는 법

01 갈치는 비늘을 긁어낸 뒤 지느러미와 내장을 빼고 6cm크기로 토막낸다.

02 토막낸 갈치는 칼집을 내고 소금을 뿌려 둔다.

03 간장에 고춧가루 등을 섞어 조림양념장을 만들어 둔다.

04 무를 2cm 두께로 큼직큼직하게 썰어 냄비 바닥에 깐 다음 물 3컵을 붓고 양념장의 반 정도를 끼얹어 무가 완전히 익도록 끓인다.

05 끓으면 그 위에 갈치와 어슷 썬 대파, 풋고추, 홍고추를 넣고 나머지 조림양념장을 고루 끼얹으면서 바특하게 조린다.

• 갈치조림에는 무 이외에 감자와 무청시래기, 배추우거지, 푹 익은 김치를 넣어 조리기도 한다. 무를 맛있게 먹으려면 무를 두툼하게 썰어 먼저 익힌 다음에 생선과 양념장을 넣고 조린다.

깅이조림·볶음

재료및분량

바닷게 500g

조림 양념장

볶음 양념장에 물만 첨가한다(1컵).

볶음 양념장

간장 3큰술, 청주 1큰술, 설탕 2큰술, 물엿 1큰술, 미림 1큰술, 후추 1/8작은술, 다진 파 · 마늘 1큰술씩, 생강즙 1작은술, 참기름 1큰술, 통깨 1작은술

만드는법

01 깅이조림은 해감시킨 바닷참게를 달군 번철에 넣고 붉은색이 나도록 달달 볶은 후 조림 양념장에 넣고 윤기나게 조려낸다.

02 깅이볶음은 해감시킨 바닷참게를 달군 번철에 넣고 달달 볶은 후 볶음 양념장을 끓여서 무쳐낸다.

03 참기름과 통깨를 뿌린다.

깅이조림은 바닷참게를 달달 볶은 후 양념간장을 붓고 조려낸 밥반찬이고 깅이볶음은 바닷참게를 볶은 후 양념간장을 넣고 무친 것이다. 옛부터 제주에서는 물질하는 해녀들의 선호음식으로 칼슘과 인 등의 무기질이 풍부하여 신경통과 골다공증에 효능이 있는 것으로 알려져 있다.

• 바닷참게는 통째로 먹는 것이므로 모래를 완전히 털어낼 수 있도록 해감을 충분히 시켜야 한다.

톳무침 · 톳냉국

재료및분량

톳 100g
깻잎 2장
풋고추 1개
부추 20g

무침양념

된장 1큰술, 다진 마늘 1큰술, 대파 1대, 고추장 1작은술, 고춧가루 1작은술, 깨소금 1작은술, 설탕 1큰술, 식초 2큰술, 참기름 1큰술

냉국양념

무침양념에 유자청(매실청) 1큰술을 더한다.

만드는법

01 톳은 다듬어 끓는 물에 데쳐서 적당한 길이로 썬다.

02 깻잎과 부추는 송송 썬다.

03 풋고추는 배를 가르고 씨를 뺀 후 잘게 다진다.

04 톳과 잘게 썬 깻잎, 부추, 풋고추에 된장을 비롯한 무침양념을 넣고 잘 버무려 톳무침을 만든다.

05 톳냉국은 04의 무쳐 놓은 톳무침에 유자청이나 매실청을 첨가한 냉수를 붓고 소금으로 간을 맞춘다.

톳무침은 작은 방울이 옹졸옹졸 달려 있는 갈색의 해조류인 제주도 방언인 톨(톳)을 끓는 물에 데쳐 된장양념으로 무친 것이다. 톳냉국은 톳무침에 냉수를 부어 만든 것으로 섬유질과 고혈압에 효과가 있다는 특효 성분으로 최근에는 건강식품으로의 입지를 굳건히 하고 있다.

고사리전

재료및분량

마른 고사리 70g, 풋고추 2개, 홍고추 2개, 밀가루 1컵

양념장

다진 파 2큰술, 다진 마늘 1큰술, 달걀 3개, 송송 썬 실파 20g, 깨소금 1작은술, 참기름 2큰술, 액젓 1큰술, 간장 1큰술, 후추 1/8작은술, 식용유 적당량

초간장

간장 2큰술, 식초 2큰술, 설탕 1작은술, 육수(물) 2큰술

만드는법

01 마른 고사리는 물을 갈아 주며 불려 한번 삶아 낸 다음 다시 찬물에 담가 불린다.

02 불린 고사리를 5cm 길이로 썬 다음 양념장으로 조물조물 무쳐둔다.

03 달걀에 밀가루와 물을 섞어서 풀고 양념한 고사리를 넣어 되직하게 반죽한다.

04 달군 번철에 기름을 넉넉히 두르고 반죽을 둥글게 펴서 지지고 어슷썬 홍고추와 풋고추로 고명하여 얹는다.

05 초간장을 곁들여 낸다.

고사리전은 차례상이나 제사상에 빼놓지 않고 반드시 올리는 향토음식으로 고사리 대신 고비를 이용하면 고비전이 된다. 귀신이 와서 차려 놓은 음식을 보자기 대신에 고사리전을 이용해서 싸간다고 생각했기에 둥근 모양으로 전을 부쳤다고 한다.

- 마른 고사리를 불릴 때는 고사리를 삶아낸 뒤 물을 자주 갈아주며 충분히 불려야 쓴맛과 독소성분을 제거할 수 있다.
- 고사리를 말릴 때는 꼬부라진 머리 부분을 떼내고 끓는 소금물에 데쳐내어 말린다.

자리물회와 한치물회는 제주도에서 여름철에 즐기는 냉국 대용으로 자리돔이나 한치로 회를 떠서 무친 다음 물을 부어 먹는다 해서 '물회'라는 이름이 붙여졌다. 원래는 먹을 것이 마땅치 않던 무더운 여름에 물에 된장을 풀고 자리와 한치 썬 것과 여러 가지 채소를 한데 섞어서 말아서 먹던 구황식인데 지금은 별미 향토음식으로 손꼽힌다.

자리·한치물회

재료및분량

자리 10마리(한치 3마리)
부추 50g
풋고추 3개
깻잎 10장
물 6컵
양념장
고추장 3큰술, 설탕 3큰술, 된장 1큰술, 참기름 1작은술, 다진 마늘 1큰술
2배 식초 3큰술, 깨소금 1큰술

만드는법

01 자리는 비늘을 긁고 머리와 내장을 없애고 뼈 채로 잘게 썬 다음 식초를 넣어 버무려 둔다.
02 한치는 내장을 제거한 후 껍질을 벗기고 가늘게 채 썬다.
03 깻잎, 풋고추, 부추는 송송 썰고 마늘은 다진다.
04 자리와 한치에 각각 채소들을 합하여 된장, 고추장, 설탕, 식초, 참기름을 넣은 양념장으로 무쳐서 간이 배이도록 잠깐 둔다.
05 찬물을 붓고 식초, 깨소금과 참기름을 넣어 맛을 더한다.

01 자리 비늘 제거하기

01 자리 뼈채 썰기

- 물회에 된장을 넣으면 비린내를 없애줄 뿐만 아니라 특유의 향에 국물과 단단한 뼈를 오독오독 씹어 먹는 고소함까지 즐길 수 있다.
- 자리물회에는 제피섶이라는 산초잎을 넣어 그 맛을 더욱 즐긴다.

양애장아찌

양애장아찌는 양하장아찌의 사투리로 색이 아주 고울 뿐만 아니라 씹히는 질감과 독특한 맛, 향을 가지고 있다. 제주도에서는 양애를 데쳐 내어 나물이나 고기와 함께 산적으로 만들어 먹기도 한다.

재료및분량

양애 300g

절임액

굵은 소금 2컵, 물 3컵, 식초 1컵, 설탕 1컵

만드는법

01 양애는 잎을 제거하고 줄기만을 골라 깨끗하게 손질한다.

02 물에 굵은 소금과 설탕을 넣고 끓여 잘 녹인 다음 식초를 섞는다.

03 항아리에 손질한 양애를 담고 끓여 식힌 절임액을 붓는다.

04 내용물이 떠오르지 않도록 무거운 돌이나 물을 채운 페트병으로 눌러 둔다.

05 먹을 때 절여진 양애를 꺼내 물에서 1시간 정도 우린 후 식성에 따라 갖은 양념장이나 매운 양념장으로 무쳐낸다.

• 고추장이나 된장항아리에 양애를 넣어 장아찌를 만들기도 하나 주로 소금 · 식초물에 담군다. 양애는 소금과 식초물에 담구어야 보랏빛이 진하게 든다.

유채김치

재료및분량

유채 1.5kg
대파 2대
홍고추 2개
굵은 소금 2/3컵

김치양념

고춧가루 1컵, 멸치액젓 2/3컵, 통깨 1큰술
마늘 60g, 생강 20g

유채김치는 봄소식을 가장 먼저 전해주는 유채의 꽃을 버리고 줄기와 잎부분으로 담그며 묵은 김치의 지루한 맛을 벗어나게 하는 신선함이 있는 김치이다.

만드는법

01 유채는 꽃피지 않은 것으로 골라 줄기와 잎부분을 소금물에 살짝 절여 씻어 둔다.

02 마늘과 생강은 절구에 찧는다.

03 대파는 통째로 어슷어슷하게 썰어 둔다.

04 홍고추는 씨와 속을 제거하고 곱게 채 썰어 둔다.

05 고춧가루는 멸치액젓에 미리 불려 두었다가 다진 마늘과 생강, 통깨를 함께 섞어 김치양념을 만든다.

06 물기 뺀 유채에 어슷 썬 대파와 홍고추채를 넣고 김치양념으로 고루 잘 버무려 익힌다.

- 유채는 꽃이 피기 전 연한 줄기와 잎부분을 이용하여 김치를 담근다.
- 유채의 씨앗은 채종유로 카놀라유의 원료이다.

전복물김치는 유자채를 끼운 전복에 무, 청각 등을 함께 넣어 담근 것으로 물김치가 익을수록 갖가지 재료들이 융합되어 특유한 향과 맛이 아주 뛰어난 물김치이다.

전복물김치

재료및분량

무(5m 길이) 1/4개
전복 2개
유자 1/4개
굵은소금 1/2컵
대파(흰부분) 30g
건청각 10g
마늘 60g
생강 20g
소금 100g
꽃소금 50g
물
소금물
물 4컵, 꽃소금 2큰술

02 전복살 떼내기

만드는법

01 깨끗이 손질한 무를 4×3×0.6cm로 썰어서 굵은 소금에 절인다.

02 전복은 굵은 소금을 뿌려 손으로 비벼 미끄러운 것을 없애고 솔로 깨끗이 문질러 씻은 후 수저를 이용해 살을 떼어낸다.

03 전복살은 0.5cm 두께로 썰고 사이사이에 2/3정도 깊이까지 칼집을 낸다.

04 유자는 노란 껍질 부분을 얇게 포 떠서 2cm 길이로 곱게 채 썬다.

05 유자채를 전복의 칼집낸 부분에 끼운다.

06 대파의 흰 부분은 2cm 길이로 마늘, 생강과 함께 곱게 채 썰고 물에 불린 청각은 1cm로 짧게 잘라 절인 무와 함께 버무려 단지에 담는다.

07 유자채를 끼운 전복을 06 위에 넣고 소금물을 연하게 타서 부어 익힌다.

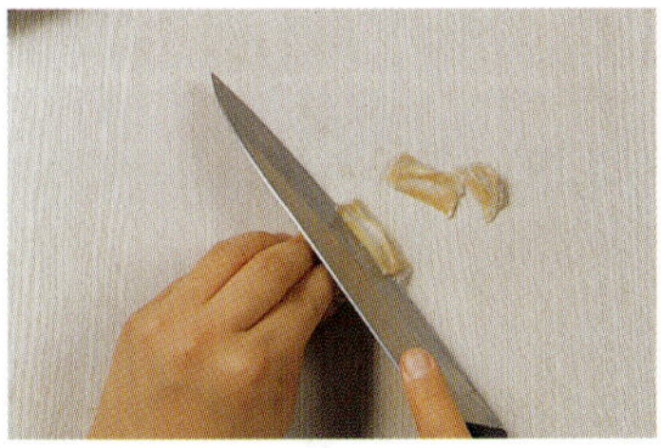
03 전복에 칼집넣기

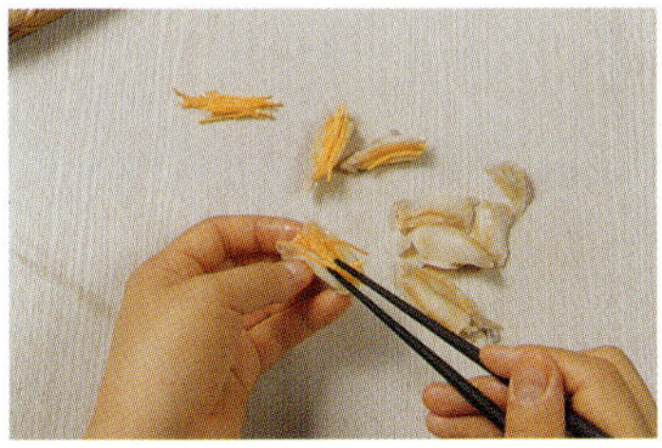
05 칼집낸 전복에 유자채 끼우기

07 연한 소금물 붓기

• 전복은 소금과 솔로 깨끗이 씻은 후 수저를 이용해 살을 떼어낸다.
• 유자는 전복의 해물내를 제거할 수 있는 훌륭한 배합이다.

빙떡은 메밀가루를 묽게 반죽하여 기름을 두른 번철에 얇게 펴놓고 가운데에 삶아 양념한 무채를 소로 넣고 말아서 지져낸 떡이다. 돌돌 말아서 만든다고 해서 '빙떡' 또는 멍석처럼 말아 감는다고 해서 '멍석떡' 이라고 하며, 이 밖에도 전기떡 · 쟁기떡 · 연빙 등 여러 이름으로 불리어진다.

빙떡

재료및분량

메밀가루 2컵
소금 2작은술
물 2컵
식용유 1/2컵
빙떡소
무 100g, 다진 파 · 마늘 1큰술씩, 깨소금 · 참기름 1작은술씩, 소금 1/4작은술, 생강 5g, 설탕 1/8작은술

02 무채삶기

04 반죽 위에 소 넣기

04 소 넣은 반죽 말기

만드는법

01 메밀가루는 소금과 물을 부어 너무 되지 않은 농도로 풀어 놓는다.
02 무는 깨끗이 씻어서 굵게 채 썬 후 끓는 소금물에 살짝 데쳐 물기를 빼고 다진 파 · 마늘, 생강, 깨소금, 참기름, 설탕, 소금으로 간하여 무쳐 빙떡소를 만든다.
03 번철을 충분히 달군 후 기름을 두르고 메밀가루 반죽을 한 국자씩 떠서 얇게 전병을 부친다.
04 메밀전병 위에 양념한 무채소를 길이로 길게 놓고, 4cm 정도 두께가 되도록 돌돌 말아 빙떡을 만들어 한입 크기로 썬다.

- 빙떡을 부칠 때는 기름을 적게 두르고 얇게 지져내야 소가 하늘하늘 비치고 맛이 있다.
- 강원도의 총떡은 돼지고기 대신 데친 오징어를 사용하여 김치와 섞어서 메밀전병에 소를 만들어 넣고 만다.

오메기떡은 차조가루를 둥글게 빚어 도우넛처럼 가운데 구멍을 내고 삶아서 콩가루나 팥고물에 굴린 것으로 제주도지방에서는 오메기술을 만들 때, 콩개역(콩고물)을 묻히지 않고 밑떡으로 쓴다. 옛부터 척박한 땅에서도 잘 자라 중요한 곡물로 재배되어 온 조는 그 입질에 따라 차조와 메조가 있으며, 소화 흡수율이 맥류보다 높고 비타민 B_1, B_2가 많이 함유되어 있으며 무엇보다 저장성이 좋아 장기간 보존하더라도 맛이 변하지 않고 충해도 적다.

오메기떡

재료 및 분량

차조가루 500g
소금 1작은술
고물
① 붉은팥 200g, 소금 1작은술, 설탕 2큰술
② 흰콩 200g, 소금 1/4작은술, 설탕 2큰술

03 삶은 팥 체에 내리기

03 팥앙금 짜기

03 팥앙금 볶기

04 반죽에 구멍 내기

05 삶은 떡반죽 고물 묻히기

만드는 법

01 차조는 깨끗이 씻어 일어 물에 6시간 정도 담갔다가 건져 소금을 넣고 빻아 가루로 만든다.
02 흰콩은 깨끗이 씻어 물기를 빼고 볶아서 껍질을 벗기고 가루를 낸 다음, 체에 내려 설탕과 소금으로 간을 한다.
03 붉은팥은 푹 삶아 체에 내려 앙금을 짠 뒤 설탕을 넣고 번철에서 볶아 팥앙금가루를 만든다.
04 차조가루는 끓는 물로 익반죽하여 직경이 5~6cm 정도 되는 도우넛 모양으로 빚는다.(차조가루 1컵당 끓는 물 2큰술)
05 구멍 내어 빚은 떡을 끓는 물에 삶고 찬 물에 헹구어 물기가 빠지면 준비해둔 볶은 콩가루와 팥앙금 고물에 각각 묻혀 낸다.

- 도톰하게 반죽하여 가운데를 엄지손가락으로 꼭 눌러 모양을 내기도 한다.
- 차조가루를 익반죽하여 끓는 물에 삶은 다음 찬 물에 헹궈 물기가 완전히 빠진 후에 고물을 묻혀야 표면이 보슬보슬하며 뜨거울 때 먹어야 제 맛이 난다.

남매죽

남매죽
냉콩국
되비지탕
행적
고기전
갱엿돼지족조림
고수김치
오쟁이떡
닭알떡
무정과

잡곡 · 밀 · 닭고기를 음식에 많이 이용하고, 인심이 좋고 생활이 윤택한 편이어서
음식을 한번에 많이 만든다.

황해도

남매죽

남매죽은 팥을 삶아 앙금을 낸 후 찹쌀가루를 넣고 죽을 쑨 후 칼국수를 넣어 다시 한번 끓여낸 이색팥죽으로 오누이 죽이라고도 한다. 예전에는 동짓날 뿐만 아니라 더운 삼복에도 복날마다 팥죽을 쑤었는데 이는 한여름에 질병을 일으키는 역신을 막기 위해서였다고 한다.

재료및분량

팥죽
붉은 팥 2컵, 찹쌀가루 1/3컵
칼국수
밀가루 1컵, 소금 1/4작은술, 물 5큰술, 식용유 1작은술
덧가루용 밀가루 5큰술

만드는법

01 팥은 깨끗이 씻어 일어서 물을 붓고 끓이다가 처음 팥물이 끓으면 그 물을 버리고 새로 찬 물을 부어 팥알이 충분히 퍼지도록 푹 삶는다.
02 잘 무른 팥을 물을 부어가면서 주걱으로 으깨어 어레미에 거른다.
03 앙금과 국물을 가라앉히고, 어레미에 남은 껍질은 버린다.
04 찹쌀가루는 물1컵에 개어 놓는다.
05 밀가루는 소금과 물, 식용유를 넣어 오래 치대어 넓게 밀고 사이사이에 밀가루를 뿌리고 돌돌 말아 칼로 굵게 채 썬다.
06 솥에 가라앉힌 윗물을 먼저 붓고 끓이다가 다시 앙금을 넣고 끓이면서 물에 갠 찹쌀가루를 넣고 나무주걱으로 잘 저어가며 끓인다.
07 06의 죽이 잘 어우러지게 쑤어지면 썰어 놓은 칼국수를 넣어 눋지 않도록 저어가며 다시 끓이고 소금으로 간을 맞춘다.

- 팥을 삶을 때 처음 팥물이 끓으면 반드시 다 쏟아버리고 새로 물을 붓고 팥알이 충분히 퍼지도록 푹 삶는다.
- 팥죽은 기호에 따라 설탕을 넣기도 한다.

냉콩국

재료및분량

흰콩 2컵
볶은 참깨 30g
오이 1개
소금 2큰술
경단
차수수가루 1/2컵, 끓는 물 1큰술, 소금 1/8작은술

만드는법

01 흰콩은 깨끗이 씻어 5~6시간 충분히 불린 후 비벼 껍질을 대충 벗기고 끓는 물에 삶아 한번 끓어오르면 찬물을 붓고 다시 끓어오르면 냉수에 담가 겉껍질을 말끔히 벗긴다.
02 맷돌이나 믹서에 껍질벗긴 콩과 동량의 물, 볶은 참깨를 넣어 바특하게 갈아 체에 받쳐서 차갑게 둔다.
03 차수수가루는 끓는 물과 소금을 넣고 익반죽하여 직경 1cm 정도의 작은 경단을 빚는다.
04 빚은 차수수 경단은 끓는 물에 넣고 삶다가 끓어 오르면 건져 찬 물에 헹군다.
05 받친 콩물의 농도를 보아 물의 분량을 조절하여 대접에 담고 익힌 차수수 경단을 띄운다.
06 곱게 채 썬 오이를 차수수 경단 위에 얹는다.

냉콩국은 콩을 삶아 갈아서 국물을 낸 후 남쪽지방의 국수나 우무채 대신에 차수수 경단을 넣어 먹는 북쪽지방의 별미음식으로 국물의 고소함과 차수수경단의 쫄깃함이 환상을 이룬다.

- 콩을 오래 삶으면 메주 냄새가 나므로 단시간에 잘 삶는다.
- 흰콩에 볶은 참깨, 땅콩, 호두, 잣 등의 견과류를 넣고 함께 갈면 더욱 고소하다.

되비지탕

되비지탕은 돼지갈비와 콩비지, 배추우거지를 넣고 푹 끓인 빡빡한 찌개형태로 구수하고 깊은 맛이 잘 어우러져 환상을 이룬다. 콩의 완전단백질의 보충으로 영양학적 가치가 우수한 별미음식이며 이른 봄에는 쑥을 넣어 끓이기도 한다.

재료및분량

흰콩 1컵
돼지갈비 300g
배추우거지 200g
새우젓국 2큰술
생강 2톨
청주 2큰술
통후추 1큰술

양념장
국간장 1큰술, 진간장 2큰술, 고춧가루 1큰술, 다진 파 · 마늘 1큰술씩, 깨소금 1작은술, 참기름 1큰술

만드는법

01 콩은 잡물을 골라내어 깨끗이 씻어 하루 정도 불렸다가 물을 2배 정도 넣고 곱게 간다.

02 배추는 살짝 데쳐 찬물에 헹구어 꼭 짜서 송송 썰어 새우젓국을 넣고 무친다.

03 돼지갈비는 끓는 물에 데쳐낸 후 찬물에 헹구고 생강, 청주, 통후추와 물을 넉넉히 넣고 무르도록 푹 삶은 다음 밑간한 02의 배추우거지와 콩비지를 넣고 은근한 불에서 끓인다.

04 상에 낼 때는 뚝배기에 덜어서 중탕하거나 다시 한번 더 끓이고 양념장을 곁들여 낸다.

• 되비지는 불린 콩을 멧돌이나 믹서에 갈아서 두유를 빼지 않은 되직한 상태의 것으로 콩비지라고도 한다. 반면 비지는 콩을 삶은 후 베주머니에 넣고 두유를 짜고 남은 찌꺼기를 말한다.

행적

재료및분량

배추통김치 1/4쪽
밀가루 2컵
달걀 3개
참기름 3큰술
식용유 6큰술
대꼬치 4개

만드는법

01 통배추김치는 소를 털어내고 한 장씩 떼어 참기름으로 무친다.
02 김치를 흩트리지 말고 김치 줄기를 옆으로 눕혀 서로 겹치면서 납작하게 대꼬치에 꿴다.
03 김치 앞뒤에 밀가루를 고루 묻히고 달걀물에 담군다.
04 번철을 달구어 식용유를 두르고 김치를 놓고 다독거리면서 지진다.
05 식으면 아래 위쪽의 꼬치를 빼고 먹기 좋은 크기로 썰어 낸다.

행적은 겨울 김장김치를 털어 밀가루와 달걀을 입혀서 지진 지짐누름적으로 정월 차례상에 올린다. 김장김치가 익는 정초에 주로 만들어 먹으며 김치 한가지만 끼우기도 하지만 고기나 움파, 고사리 등의 다른 부재료를 꿰어서 부치기도 한다.

• 북쪽지방의 김장김치는 양념과 소를 적게 넣고 젓갈을 쓰지 않아 담백하고 시원한 맛이 난다. 꼬치에 다른 부재료와 함께 끼울 때는 배추김치를 폭 2cm, 길이 5cm 정도로 썰어서 꿴다.

고기전

고기전은 소고기를 저며 양념해 두었다가 밀가루와 계란옷을 입혀 지져낸 육전으로 차례상이나 제상에 빠뜨리지 않고 올리던 음식이다.

재료및분량

소고기 300g
달걀 3개
밀가루 1/2컵
식용유 5큰술

양념장

간장 2큰술, 설탕 1큰술, 참기름 2작은술, 깨소금 1작은술, 다진 파 · 마늘 2작은술씩, 후춧가루 1/4작은술

만드는법

01 소고기는 얇게 저며 칼집을 고루 넣고 두드려 양념장으로 재워둔다.

02 양념한 소고기 앞뒤에 밀가루를 고루 묻힌 다음 달걀 푼 것에 담근다.

03 번철을 달구어 기름을 두르고 쇠고기를 누르면서 지져 낸다.

- 밀가루를 충분히 고루 묻혀 지져야 눌러 붙지 않는다. 밀가루 대신 찹쌀가루나 녹말가루를 써도 좋다.

갱엿돼지족조림

갱엿돼지족조림은 돼지족을 삶아 갱엿과 간장, 향신료 등을 넣고 뭉근한 불에서 윤기나게 조려 누린 맛을 없앤 별미 음식으로 식혀 먹어야 꼬들꼬들하면서 입에 착 감기는 제 맛을 즐길 수 있다.

재료및분량

돼지족(앞다리) 1개

향신재료

된장 2큰술, 양파 1/2개, 생강 2톨, 대파 1대, 마늘 1쪽, 청주 2큰술

조림장

갱엿 200g, 소금 1작은술, 진간장 2컵, 계피 · 정향 · 통후추 1큰술씩, 건고추 5개, 생강 1톨, 물 8컵, 청주 1컵, 팔각 2개
카라멜(노두유) 1큰술, 소주 1/2컵

양념장

간장 2큰술, 식초 2큰술, 설탕 2큰술, 다진 풋 · 홍고추 1큰술씩, 다진 마늘 1작은술
물 2큰술

새우젓양념

다진 새우젓 2큰술, 다진 풋 · 홍고추 1/2개씩

만드는법

01 돼지족은 깨끗이 씻은 후 불에 살짝 그을려 남아있는 털을 깨끗이 제거한다.

02 끓는 물에 된장 등의 향신재료를 넣고 삶아낸 후 찬물에 깨끗이 씻는다.

03 돼지족에 간장과 갱엿 등의 조림장을 합쳐 돼지족이 잠길 정도로 붓고 처음에는 센 불에 끓이다가 끓으면 약한 불에서 조림장을 끼얹어 가며 계속 졸인다.

04 조림장이 줄고 간이 잘 배어들어 돼지족의 빛깔이 좋아지면 족을 건져서 한 김이 나가 기름이 빠지고 육질이 꼬들해지도록 둔다.

05 돼지족이 식으면 얇게 편으로 썰어 양념장이나 새우젓양념을 곁들여 낸다.

- 돼지족과 향신재료를 넣고 애벌 삶을 때 반드시 뚜껑을 열어야 누린내가 제거된다.
- 애벌 삶아낸 후 찬물에 헹구어 씻으면 육질이 꼬들꼬들해진다.

고수김치는 미나리과에 속하는 향이 아주 강한 향신료인 향채(香菜)를 주재료로 한 황해도와 개성사람들이 특히 잘 먹고 특히 사찰의 스님들이 즐겨 먹는 김치이다.

고수김치

재료및분량

고수 1kg
쪽파 60g
무 80g
김치양념
고춧가루 $1\frac{1}{2}$컵, 황석어젓 2/3컵, 꽃소금 2큰술, 마늘 40g, 생강 20g
조청 2큰술

01 고수 다듬기

01 고수 절이기

05 김치양념 만들기

06 고수에 김치양념 버무리기

만드는법

01 고수는 싱싱한 것으로 골라 뿌리와 겉잎을 다듬어서 물에 씻어 물기를 뺀 후 소금을 살살 뿌려 살짝 절인다. 고수가 연할 때는 절이지 않아도 된다.
02 쪽파는 다듬어 씻어 5cm 길이로 썰고, 마늘과 생강은 절구에 찧는다.
03 무는 깨끗이 씻어 0.3cm로 굵게 채 썰어서 소금에 살짝 절인 후 소쿠리에 쏟아 물을 따라낸다.
04 황석어젓의 살은 저며서 다지고, 남은 머리부분과 뼈는 물을 동량 부어 끓여서 면보에 거른다.
05 황석어젓국물에 고춧가루를 갠 다음 다진 황석어젓살과 마늘, 생강, 조청을 넣고 잘 버무려 김치양념을 만든다.
06 손질한 고수에 절인 무채와 쪽파를 넣은 후 김치양념을 넣어 살살 버무린다.

- 황석어젓 대신 조개젓을 넣어도 좋다.
- 고수의 향이 너무 진하면 고수를 하룻밤 물에 담가 향을 우려내거나 무채를 섞어서 담근다.

오쟁이떡은 찹쌀가루를 쪄서 안반에 놓고 쳐 인절미를 만든 뒤 붉은 팥소를 넣고 작은 고구마 크기로 빚어 콩고물을 묻힌 것으로 서민들의 식사대용으로도 손색이 없는 소박한 떡이다. 겨울철에 배가 출출할 때 석쇠에 구워 먹으면 그 맛은 잊을 수 없을 만큼 일품이다. 팥소 대신 녹두소를 넣고 만들어 콩고물을 묻히면 개성지방에서 많이 만들어 먹는 배피떡이 된다.

오쟁이떡

재료및분량

찹쌀400g (소두 1/2되, 찹쌀가루 6컵)
소금 1작은술
팥소
붉은 팥고물 2컵, 설탕 1컵, 물 1/2컵, 소금 1/8작은술
콩고물
볶은 콩가루 2컵, 설탕 1/2컵

02 불린 찹쌀 찌기

03 쪄낸 찰밥 치기

만드는법

01 찹쌀은 깨끗이 씻어서 하룻밤 정도 불려서 소쿠리에 건져 물기를 뺀다.
02 시루나 찜통에 베보자기를 깔고 1시간 정도 심까지 무르게 찐다. 찌는 도중에 소금물을 뿌려 위아래를 섞어가며 고루 찐다.
03 잘 쪄진 찹쌀을 절구나 안반에 쏟아서 떡메나 공이에 소금물을 묻혀가며 밥알이 뭉개질 때까지 친다.
04 붉은팥은 무르게 푹 삶아 팥물을 뺀 다음 설탕을 넣어 잘 섞은 다음 팥소를 만든다.
05 잘 쳐진 떡덩이를 달걀만큼 덩어리지게 떼 낸 다음 팥소를 가운데 넣고 아물려 동그랗게 만든다.
06 05를 콩고물에 굴려 옷을 입힌다.

05 일정한 크기로 자르기

05 떡반죽에 팥소 넣기

06 콩고물 묻히기

• 찐 떡덩이를 절구에 넣고 칠 때 반드시 소금물을 발라주면서 쳐야 소금간이 맞아서 고소하고 맛이 있다.
• 안반에 칠 때 떡메로 내려치고 앞으로 밀면서 치면 잘 쳐진다.

닭알떡은 찹쌀가루와 멥쌀가루를 섞은 다음 익반죽하여 가운데에 거피팥소를 넣고 둥글고 갸름하게 빚어 끓는 물에 삶아 건져서 녹두고물을 입혀 만든 것으로 떡의 모양이 달걀처럼 생겼다고 해서 붙여진 이름이다. 황해도지방의 토속성이 짙게 배어있는 것으로 모양이 사치스럽지 않고 수더분하며 구수한 맛으로 잔치나 명절에 먹는 떡이라기 보다는 겨울의 농한기나 여름에 한가함을 즐길 수 있는 소박한 떡이다.

닭알떡

재료및분량

참쌀가루 4컵
멥쌀가루 2컵
소금 1작은술

설탕물
물 1컵, 설탕 2큰술

거피팥소
거피팥 300g, 소금 1작은술, 설탕 1컵

녹두고물
녹두 300g, 소금 1작은술

만드는법

01 찹쌀가루와 멥쌀가루는 각각 체에 내린 후 합쳐서 소금을 섞어 다시 한번 채에 내린 다음 끓는 설탕물로 익반죽한다.

02 거피팥은 깨끗이 씻어 하룻밤 충분히 불려서 김 오른 찜통에서 쪄 낸 다음, 뜨거울 때 절구에 넣고 찧어 체에 내리고 소금과 설탕을 넣어 거피팥소를 만든다.

03 녹두는 반으로 타개서 충분히 물에 불려서 껍질을 깨끗이 없애고 김 오른 찜통에 쪄서 소금과 함께 찧어 어레미에 내려 녹두고물을 만든다.

04 준비한 반죽을 조금씩 떼어 거피팥소를 넣고 오므려서 5cm 길이로 타원형의 달걀처럼 빚는다.

05 빚은 떡을 끓는 물에 삶아 건져서 물기를 뺀 후 녹두고물을 묻힌다.

01 찹쌀가루 익반죽 하기

04 떡 반죽에 거피팥소 넣기

05 끓는 물에 떡반죽 삶기

03 찐 녹두를 어레미에 내려 고물 만들기

05 삶은 떡에 녹두고물 묻히기

• 고물은 기호에 따라 달리할 수 있으며 붉은색 고물은 붉은 팥으로, 하얀색 고물은 거피팥으로, 노란색 고물은 거피녹두를 사용하면 삼색이 어울려 더욱 아름답다.

무정과는 무를 삶아내어 여러 가지 색의 설탕시럽에 투명하고 윤기나게 조려 다양한 모양으로 만든 한과이다. 쫄깃하게 씹히는 맛과 우수한 저장성 뿐만 아니라 그 색과 모양이 아름다워 잔칫상이나 이바지상의 웃기로 많이 올려진다.

무정과

재료 및 분량

무 200g
데치는 물 3컵
소금 1작은술

조림액

설탕 3/4컵(130g)씩
물엿 2큰술씩
꿀 1큰술씩
레몬즙 2큰술씩
조리는 물 1/2컵씩

색소

오미자, 치자, 녹차가루(클로렐라가루)

01 무 끓는 물에 데치기

만드는 법

01 무는 껍질을 벗기고 길이로 반을 자른 후 0.4cm 두께로 썰어서 끓는 소금물에 데쳐 내어 찬물에 헹군다.

02 밑바닥이 두꺼운 각각의 냄비에 데쳐낸 무를 담고 이들이 잠길 정도의 물을 붓고 설탕과 레몬즙을 넣는다.

03 처음에는 센 불에서 끓이다가 끓기 시작하면 불을 약하게 줄여서 뚜껑을 열어 놓은 채 서서히 조린다.

04 조리는 도중 위에 떠오르는 거품을 말끔히 걷어내면서 반쯤 줄어들면 물엿을 넣고 투명해질 때까지 은근히 조린다.

05 자작해지면 꿀을 넣고 약한 불에서 조려 여러 가지 모양을 만든 후 체망에 받쳐 여분의 단물을 제거한다.

02 데친 무를 설탕물에 조리기

03 데친 무를 치자설탕물에 조리기

05 조린 무 모양내기

• 색을 낼 경우는 시럽에 여러 가지 색의 시럽을 나누어서 각각 조린다.

녹두지짐

평양냉면
굴림만두
어복쟁반
내포중탕
녹두지짐
노티떡
호두강정

음식의 재료, 모양, 맛 등은 황해도 음식의 특징과 비슷하여 음식이 큼직하고 푸짐해서 먹음직스럽다.

평안도

평양냉면은 메밀가루를 익반죽하여 냉면틀에 눌러서 국수를 빼내어 바로 삶아 먹는 것으로 눌러서 만드는 압출면(압착면)의 대표적인 음식이다. 대체적으로 냉면은 시원하여 여름에 즐겨먹는 음식이지만 냉면을 좋아하는 사람은 추운 겨울에 더운 방에서 이가 시리도록 차가운 냉면을 먹는 것이 더욱 진미라고 한다.

평양냉면

재료및분량

메밀국수 200g

편육

소고기(양지머리) 200g, 무 100g, 양파 1/4쪽, 대파 1대, 마늘 1통
생강 1/2톨, 마른 홍고추 1개, 물 10컵

웃기

오이 1/2개, 배 1/4개, 동치미무 1/8개, 삶은달걀 1개

겨자소스

발효된 겨자 1작은술, 식초 2큰술

냉면육수

고기 삶은 물 5컵, 동치미국물 5컵, 설탕 1큰술, 소금 1/2큰술, 사이다 1/2컵

01 양지머리 삶기

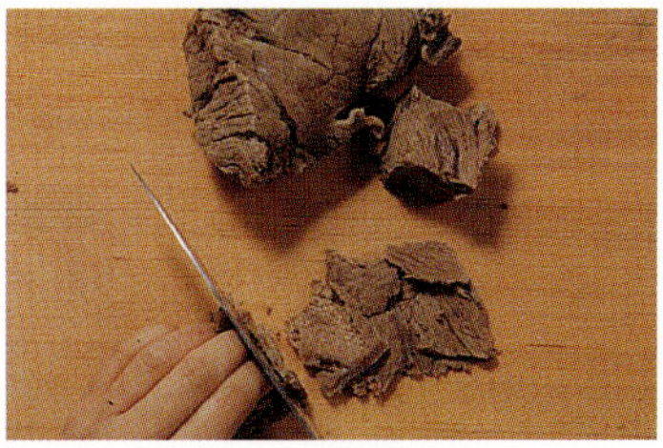

02 삶은 고기 편육으로 썰기

05 육수 만들기

만드는법

01 냄비에 대파, 통마늘, 생강, 양파, 마른 홍고추와 양지머리를 함께 넣어 끓인 후 걸러둔다.
02 양지머리는 건져 얇게 썰어 편육으로 준비한다.
03 오이는 어슷썰기 해서 살짝 촛물에 담궈둔다.
04 배는 껍질을 벗겨 납작하게 썰고 동치미 무도 납작하게 썬다. 달걀은 완숙으로 삶아서 반으로 갈라 삶아 놓은 사리 위 웃기로 얹는다.
05 차가운 육수와 동치미 국물을 1 : 1의 비율로 섞어 소금과 설탕 사이다를 넣어 간을 맞춘 후 그릇에 살그머니 붓는다.
06 식초와 겨자소스를 곁들여 낸다.

• 강원도에서는 메밀로 만든 냉면을 아무나 언제든지 먹을만큼 흔하다고 해서 '막국수'라고 불리운다.

굴림만두는 만두피 없이 만두소만을 둥글게 빚어 밀가루에 굴려 삶은 다음 육수를 부어 먹는 간편한 만두국이다. '굴림'은 밀가루에 굴렸다 해서 붙여진 이름으로 밀가루가 귀한 산간지방의 지혜로움을 엿볼 수 있다.

굴림만두

재료 및 분량

밀가루 1컵
소고기 200g
돼지고기 100g
배추김치 150g
숙주 50g
두부 50g
달걀 2개 (지단용 + 만두소용)

소양념장

소금 1작은술, 참기름 1큰술, 다진 파 · 마늘 1큰술씩, 깨소금 2작은술
후춧가루 1/4작은술, 생강즙 2작은술

만드는 법

01 소고기의 1/2은 끓는 물에 삶아낸 다음 면보에 걸러서 육수를 만들어 두고 나머지 소고기와 돼지고기는 곱게 다진다.

02 배추김치는 다져서 물기를 꼭 짜고 숙주는 끓는 물에 데쳐내어 꼭 짜서 다진다. 두부도 물기를 꼭 짜서 으깬다.

03 02에 달걀 푼 것(1개)과 소양념장을 넣고 고루 치대어 만두소를 준비해 둔다.

04 달걀은 황백으로 나누어 지단을 부쳐서 2cm의 마름모 꼴로 썬다.

05 만두소를 직경 2cm의 크기로 둥글게 빚어 밀가루에 고루 굴린다.

06 끓는 물에 밀가루에 굴린 만두소를 넣고 익힌 뒤 건져내어 다시 밀가루에 굴려 삶는 과정을 서너번 반복하여 옷을 충분히 입힌다.

07 01의 육수에 국간장과 소금을 넣어 간을 맞추어 끓이다가 익힌 만두를 넣어 다시 한번 더 끓인다.

08 그릇에 담고 황백 지단을 띄운다.

- 만두소는 고루 치대어 밀가루 옷을 충분히 입혀야 삶을 때 풀어지지 않는다.
- 꿩만두나 준치만두도 살을 곱게 다져 빚은 후 녹말을 묻혀서 굴림만두처럼 만든다.

어복쟁반은 놋쟁반에 갖가지 고기편육과 채소류를 푸짐하게 담고 가까운 사람끼리 둥글게 모여 앉아 육수를 부어가며 먹는 추위를 이기게 하는 일종의 전골이자 온면으로 의리있고 인정 많은 평안도 사람들의 기질이 잘 표현된 음식이라 할 수 있다.

어복쟁반

재료및분량

소고기(양지머리) 600g, 유통 300g, 지라 300g, 우설 300g
느타리버섯 400g, 대파 3대, 배 1개, 메밀국수 400g, 쑥갓 150g, 달걀 3개
건표고 5장, 홍고추 4개, 은행 1/3컵

향신재료

생강 4쪽, 양파 1개, 마늘 2통, 대파 2대, 청주 3큰술, 통후추 1/2작은술, 물 4ℓ

육수

양지머리 육수 6컵, 국간장 2큰술, 소금 1/2작은술, 후춧가루 1/8작은술

양념간장

간장 3큰술, 다진 파 1큰술, 다진 마늘 1/2큰술, 다진 홍고추 1작은술
고춧가루 1큰술, 참기름 1큰술, 깨소금 1작은술

만드는법

01 소고기(양지머리)는 팔팔 끓는 물에 향신재료를 넣고 1.5시간 정도 삶아 국물은 면보에 받쳐 육수용으로 준비하고 고기는 건져내어 편육으로 얇게 썬다.

02 유통, 지라는 소금과 밀가루를 넣고 씻어 끓는 물에 향신재료를 넣고 삶아 식힌 후 편육으로 얇게 썬다.

03 우설은 끓는 물에 튀했다가 꺼내 흰막을 벗기고 다시 삶아 식혀서 얇게 썬다.

04 달걀은 노른자가 가운데로 오도록 굴려가면서 완숙으로 삶아 편으로 썰어둔다.

05 대파는 어슷하게 썰고, 버섯은 굵직하게 찢고, 배는 굵직하게 채썬다.

06 은행은 뜨겁게 달군 번철에 기름을 두르고 새파랗게 볶아낸 후 속껍질을 벗긴다.

07 메밀국수는 물이 끓을 때 넣고 삶아서 찬물에 헹구어 사리를 만들어 놓는다.

08 널찍한 놋쟁반에 양지머리, 유통, 지라, 우설 등의 편육을 돌려가며 편평히 깔고, 느타리버섯과 표고버섯, 대파, 배, 쑥갓, 은행, 달걀 등을 색 맞추어 놓는다.

09 놋그릇 가운데에 양념간장 종지를 두고 국간장과 소금으로 간한 육수를 붓고 끓인다.

10 먼저 편육을 양념간장에 찍어먹고 삶은 메밀국수를 국물에 말아 먹는다.

- 어복쟁반의 '어복'은 소의 뱃살인 '우복'을 뜻하며 중간중간에 뜨거운 육수를 보충해가며 끓여 먹는다.

내포중탕은 돼지내장과 배추김치, 여러 가지 채소와 메밀가루를 함께 넣고 끓인 걸쭉한 돼지내장찌개로 누린맛을 없앤 구수하면서도 푸짐하여 주식대용으로 먹기에도 손색없는 별미음식이다.

내포중탕

재료및분량

배추김치 200g
숙주 100g
불린 고사리 100g
은행 10알
달걀 1개
메밀가루 2큰술

돼지내장

간 200g, 허파 200g, 대창 200g, 콩팥 200g

양념장

다진 파 · 마늘 1큰술씩, 된장 3큰술, 국간장 2큰술, 후추 1/4작은술
다진 생강 2작은술, 청주 1작은술

향신재료

생강 2톨, 마늘 1통, 대파 1대, 청주 2큰술

만드는법

01 간, 허파, 콩팥은 소금과 밀가루로 문질러 깨끗이 씻은 다음 끓는 물에 향신재료의 1/2과 함께 넣고 끓여서 익으면 건져 내어 얄팍얄팍하게 썬다.

02 대창은 소금과 밀가루로 문질러 씻어 끓는 물에 넣고 살짝 튀한 후 나머지 향신재료와 함께 다시 찬 물을 붓고 푹 삶아 건져 잘게 썰고 국물은 면보에 걸러 육수로 쓴다.

03 메밀가루는 찬물에 잘 풀어 놓는다.

04 달걀은 노른자가 가운데로 오도록 반숙 상태로 삶거나 국자에 담아 끓는 식초물에서 수란 형태로 익혀낸다.

05 은행은 뜨겁게 달군 번철에 기름을 두르고 새파랗게 볶아낸 후 속껍질을 벗긴다.

06 대창 육수에 채썬 배추김치, 숙주, 불린 고사리, 어슷썬 대파를 넣고 살짝 끓인다.

07 양념장으로 간한 돼지내장과 물에 푼 메밀가루를 넣고 다시 끓여 소금으로 간을 맞춘다.

08 뚝배기에 탕을 담고 익힌 달걀과 볶은 은행을 보기 좋게 얹는다.

녹두지짐은 녹두를 물에 불렸다가 맷돌에 갈아 돼지고기와 김치, 고사리를 넣고 반죽한 다음 번철에 지져 명절이나 잔칫상에 빠지지 않고 올리던 음식으로 지금은 외국인에게 대한민국의 대표음식으로 알려져있다. 황해도에서는 '막부치', 평안도에서는 '녹두지짐', '지짐이'로 불리우며 지방마다 재료와 크기가 다르다.

녹두지짐

재료및분량

통녹두4컵
배추김치 200g
돼지고기 200g
불린 고사리 70g
숙주 50g
대파 2대
홍고추 2개
돼지기름(식용유) 1컵

돼지고기양념

간장 1큰술, 소금 1작은술, 설탕 1작은술, 다진 파 2작은술, 다진 마늘 1작은술
깨소금 1작은술, 생강즙 1작은술, 참기름 1작은술, 후춧가루 1/8작은술

고사리양념

청장(국간장) 1작은술, 다진 파 · 마늘 1작은술씩, 깨소금 1작은술
참기름 1작은술

초간장

간장 2큰술, 식초 2큰술, 물 2큰술, 설탕 1작은술

만드는법

01 통녹두는 맷돌에 타갠 후 미지근한 물에 불려서 손으로 비벼가며 껍질을 제거한 뒤 물을 자작하게 넣고 곱게 갈아서 소금 간을 한다.

02 돼지고기는 다지거나 잘게 썰어 돼지고기 양념으로 무쳐둔다.

03 배추김치는 속을 털고 물기를 꼭 짜서 송송 썰고 참기름으로 양념한다.

04 숙주는 생으로 1~2cm로 썰고, 삶아 물에 불린 고사리는 억센 줄기를 다듬고 짧게 썬다. 대파와 홍고추는 송송 썬다.

05 번철에 기름을 넉넉히 두르고 녹두 간 것을 한 국자 떠놓고 그 위에 돼지고기, 배추김치, 숙주, 고사리, 대파와 홍고추를 고루 얹어 지져낸다.

06 초간장을 곁들인다.

- 돼지고기는 볶아서 익힌 것을 올려도 좋으며 느타리버섯과 숙주를 데쳐서 넣기도 한다.
- 식용유 대신 돼지기름을 사용하여야 바삭바삭한 녹두지짐 특유의 맛을 즐길 수 있다.

노티(놋치)떡은 찹쌀가루와 찰기장가루 · 찰수수가루를 익반죽한 뒤 엿기름을 넣고 삭혀서 번철에 지져 낸 것으로 과자에 가까운 독특한 맛을 내는 오래 두고 먹을 수 있는 평안도 지방의 유명한 향토떡이다. 평양지방에서는 추석 전날 달밤에 노티떡을 만들어 가까이 지내는 사람들에게 귀한 선물로 보내기도 하고 멀리 유학간 자녀들에게 보낼 정도로 오래 두고 먹을 수 있는 떡이었다고 한다.

노티떡

재료및분량

찹쌀가루 4컵
찰기장가루 1컵
찰수수가루 1컵
소금 1/2큰술
엿기름가루 2컵
물 2컵
설탕(꿀) 1컵
참기름 1/2컵
식용유 1/2컵

01 떡가루 체에 내리기

02 떡가루에 엿기름가루 섞기

02 떡가루 반죽하기

03 보온밥통에서 반죽 삭히기

04 삭힌 반죽 기름에 지지기

만드는법

01 찹쌀 · 찰기장 · 찰수수가루에 소금을 넣고 다시 한번 체에 내려 떡가루를 준비하고 여기에 고운 엿기름가루($\frac{2}{3}$)를 섞어 물을 넣고 버물버물하여 젖은 베보자기를 깔고 찜통에 살짝 쪄낸다.

02 쪄낸 떡을 양푼에 쏟아 뜨거울 때 나머지 $\frac{1}{3}$의 엿기름 가루를 솔솔 뿌리면서 골고루 반죽하여 보온밥통에 담아 5~6시간 정도 삭힌다.

03 두꺼운 번철에 식용유와 참기름 섞은 것을 두르고 잘 삭혀진 반죽을 5~6cm 직경으로 동글납작하게 빚은 후, 앞뒤로 노릇노릇하게 지져 완전히 식으면 설탕 또는 꿀을 뿌리면서 항아리에 차곡차곡 담는다.

- 센 불에서 지지면 색깔이 검어지고 타기 쉬우므로 약한 불에서 서서히 익힌다.
- 오래 두고 먹어도 노화가 잘 되지 않는 떡이므로 간식용으로 적당하다.

호두강정은 다과상에 차와 함께 올리는 귀한 과자로 뜨거운 물에 담가 떫은 맛을 뺀 호두를 설탕시럽에 조려서 기름에 튀겨내는 것으로 윤기나는 강정의 모양 뿐만 아니라 고소하고 달콤한 맛이 오랫동안 입안 가득히 남는다. 한방에서 호두는 맛이 달고 성질은 따뜻하며 독이 없다. 천식과 해수를 멎게 하고 소변이 잦고 잘 나오지 않으며 요통을 치료하는 효능이 있는 것으로 알려져 있다.

호두강정

재료및분량

깐 반태호두 200g
설탕 $1\frac{1}{2}$컵
물 $1\frac{1}{2}$컵
꿀 1큰술
튀김기름 적당량

01 호두의 떫은 맛 우려내기

02 설탕물에 호두 넣고 조리기

만드는법

01 호두는 뜨거운 물에 10분 정도 담가 두어 떫은 맛을 없앤다.

02 냄비에 손질한 호두, 설탕, 물을 붓고 물이 반으로 줄어들 때까지 중불에서 조리다가 꿀을 넣고 계속 조린 후 체에 쏟아서 물기를 완전히 뺀다.

03 번철을 달군 다음 기름을 넣고 160℃가 되면 설탕물에 조린 02의 호두를 넣어서 호두에서 기름이 빠지도록 노릇노릇하게 튀긴다.

04 튀겨낸 호두는 기름을 완전히 빼고 식은 후에 그릇에 담는다.

03 설탕물에 조린 호두의 단물 빼기

03 호두를 기름에 튀겨내기

- 호두는 떫은 맛을 제거하기 위해 뜨거운 물에 담가 두어야 한다.
- 호두를 튀길 때 튀김기름의 온도가 높으면 쉽게 새까맣게 타버리므로 반드시 낮은 온도에서 튀겨야 한다.

두부전

감자막가리만두

함흥냉면

아바이순대

두부전

청어구이

가자미식해

들깨엿강정

음식의 모양은 큼직하며 장식이나 기교를 부리지 않고, 간은 짜지 않지만 고추와 마늘 양념을 많이 사용하여 진한 맛을 즐기기도 한다.

함경도

감자막가리만두는 생감자를 갈아 건지와 가라앉힌 앙금으로 만두피를 만들어 쪄낸 것으로 밀가루가 귀한 산간지방의 특산물로 껍질의 쫄깃한 맛이 별미이다.

감자막가리만두

재료및분량

감자 10개
감자녹말 1/2컵
돼지고기 200g
부추 100g

고기양념

간장 2큰술, 설탕 1작은술, 다진 파 1큰술, 다진 마늘 1/2큰술, 참기름 1작은술
소금 1작은술, 깨소금 1작은술, 후춧가루 1/8작은술

초간장

간장 2큰술, 식초 2큰술, 물 2큰술, 설탕 1작은술

만드는법

01 감자는 껍질을 벗겨서 강판에 간 다음 물을 부어 헹구어 체에 쏟아 건지를 받고 물은 받아서 앙금을 가라 앉힌다.

02 돼지고기는 다져서 고기양념으로 간하고 부추는 송송 썰어서 살짝 절여 꼭 짜서 합하여 만두소를 만든다.

03 감자건지를 꼭 짜서 김오른 찜통에 넣어 말갛게 되도록 찐다.

04 감자건지가 쪄지면 갈아 앉힌 녹말과 함께 소금물로 치대어 반죽한다.

05 반죽을 조금씩 떼어 손바닥에 둥글게 펼치고 만두소를 넣고 오므려 반달 모양으로 빚는다.

06 김오른 찜통에 면보를 깔고 반달모양으로 빚은 만두를 쪄낸다. 초간장을 곁들여 낸다.

- 소는 보통 만두소를 넣어도 되지만 돼지고기와 부추만을 넣는 것이 담백하다.
- 반죽이 너무 질 때는 마른 감자녹말가루를 첨가하면 반죽하기가 쉽다.

함흥냉면은 일명 시중에서 비빔냉면으로 널리 알려져 있고 회를 무쳐 넣었다 하여 회냉면이라고도 한다. 홍어를 굵은 채로 썰어 식초에 담구었다가 매운 양념으로 무친 홍어회를 국수에 얹어서 낸다. 원래 함경도 지역에서는 홍어보다는 참가자미가 많이 잡혀 이를 회로 하였다고 한다. 함흥냉면의 특징은 국수발이 쇠힘줄보다 질기고 오들오들 씹히는데 있다.

함흥냉면

재료및분량

냉면국수 300g
홍어(가오리, 간재미) 150g
무 100g
오이 1/2개
배 1/8개
달걀 1개
소금, 설탕, 식초 1큰술씩
식초(막걸리) 1/3컵

양념장

고춧가루 6큰술, 고추장 2작은술, 설탕 3큰술, 양파즙 1큰술, 배즙 1큰술
육수 3큰술, 다진생강 1작은술, 다진마늘 2큰술, 참기름 1큰술, 매실액 1큰술
깨소금 1큰술, 2배식초 2큰술

겨자소스

발효겨자 1/4작은술, 레몬즙 1작은술, 식초 2큰술

02 오이 썰기

03 냉면 삶기

04 양념장으로 고루 버무리기

만드는법

01 홍어는 결 반대 방향으로 굵게 채 썰어 식초(막걸리)에 재웠다가 물기를 뺀 후 양념장으로 밑간을 해둔다.
02 그릇에 무와 오이를 식초, 설탕, 소금으로 절여 물기를 뺀 후 양념장으로 밑간을 해둔다.
03 끓는 물에 냉면국수를 넣어 한소끔 끓어오르면 냉수를 붓는다.
04 삶은 냉면국수에 양념장을 넣고 버무리면서 양념장에 버무려 둔 홍어, 무, 오이를 같이 넣고 버무린다.
05 마지막에 참기름을 넣는다.
06 그릇에 담고 삶은달걀, 절인 오이와 납작하게 썬 배를 고명으로 올린다. 겨자소스를 곁들인다.

• 비빔냉면은 홍어회 대신, 북어포를 물에 불려 양념장에 무쳐도 된다.
• 메밀국수는 너무 오래 삶으면 쫄깃하지 않고 다 풀어진다.

아바이순대는 주로 돼지의 대창 속에 익힌 찹쌀밥, 선지, 여러 가지 부재료 등의 소를 넣고 쪄낸 것이다. 아버지의 함경도 사투리인 '아바이'가 의미하는 대로 크고 푸짐하여 주식 대용이 가능하며 다른 지방의 찹쌀밥을 넣지 않은 작은창자를 이용한 순대와는 색다른 특징이 있다.

아바이순대

재료및분량

돼지창자 1kg(1타래)

순대소

찹쌀 2컵, 다진 파 · 마늘 2큰술씩, 다진 생강 2큰술, 삶은 우거지 200g
숙주 100g, 배추잎 100g, 돼지 선지 2컵

소양념

소금 2큰술, 고춧가루 1작은술, 다진 파 5큰술
다진 생강 2작은술, 참기름 1큰술, 청주 1큰술, 후춧가루 1/2작은술

향신재료

된장 2큰술, 통생강 2알, 통후추 1큰술, 청주 2큰술

초간장

간장 2큰술, 식초 2큰술, 설탕 1작은술, 육수(물) 2큰술

새우젓양념

새우젓 2큰술, 다진 풋 · 홍고추 1/2개씩

만드는법

01 돼지창자는 끝 부분을 수도꼭지에 대고 물을 틀어서 씻어내고 소금과 밀가루로 주물러 깨끗이 씻어 뒤집어서 하룻밤 정도 물에 담가 놓는다.

02 찹쌀은 물에 2시간 이상 충분히 불려서 김오른 찜통에 넣고 중간에 소금물을 뿌리고 뒤적여 50분간 찐다.

03 배추잎과 숙주는 끓는 물에 데쳐서 물기없이 꼭 짜고 적당한 크기로 썬다.

04 큰 그릇에 찹쌀밥을 쏟아 식힌 후에 선지와 섞고 배추, 우거지, 숙주 등 나머지 재료를 모두 합하여 소양념을 넣어 고루 섞어 순대소를 준비한다.

05 돼지창자는 물기를 닦고 한쪽 끝에 굵은 깔대기를 대고 준비한 순대소를 밀어 넣고 채운 다음 끝을 실로 묶는다.

06 물에 된장과 생강 저민 것, 통후추, 청주 등의 향신재료를 넣고 끓으면 순대를 넣고 30분 정도 삶다가 순대의 곳곳에 꼬챙이로 침을 주고 불을 줄여서 1시간 정도 더 삶는다.

07 익은 순대를 건져서 한 김 식으면 1cm 두께로 둥글게 썰어 초간장이나 새우젓양념과 함께 낸다.

- 경상도지방에서는 돼지의 작은창자에 찹쌀밥과 우거지를 넣지 않고 순수한 선지만을 넣고 삶아 잔칫상에 내는데 혀에 감기는 선지 특유의 순대맛을 즐길 수 있다.

두부전

재료 및 분량

두부 1모
녹말 2큰술
소금 1큰술
식용유 1/2컵
풋 · 홍고추 1/2개씩

양념장

간장 2큰술, 고춧가루 1작은술, 다진 파 · 마늘 1작은술씩, 참기름 1작은술, 참깨 1작은술

만드는 법

01 두부는 6×5×1cm로 썰어 소금을 뿌린 후 겉면에 녹말을 묻힌다.

02 달군 번철에 기름을 두르고 녹말을 묻힌 두부를 넣고 노릇노릇하게 지져 채반에 담아 식힌다.

03 가늘게 채 썬 풋고추와 홍고추를 두부 위에 고명으로 얹고 양념장을 곁들여 낸다.

두부전은 콩이 좋은 함경도에서 두부지지미, 두부저냐, 연포전 등으로 불리우며 제사상에는 빠지지 않고 반드시 올리는 아주 친숙한 찬물이다. 두부는 우리나라를 비롯한 일본, 중국에서 즐겨먹던 동양권 식품인데 지금은 서양에서도 우수한 건강식품으로 각광받고 있다.

- 조선시대에는 산릉을 모시면 반드시 근처에 제사 음식을 공급하기 위한 절을 지었는데 이를 '조포사造泡寺라 하였다. 그래서 두부음식에는' 포 '라고 붙는 것이 많다.
- 두부가 연할수록 전이 부드럽다.

청어구이

재료및분량

청어 4마리
대파 (흰부분) 1대
굵은 소금 4큰술

만드는법

01 청어는 등쪽에 칼집을 내고 굵은 소금을 뿌려둔다.
02 소금 뿌린 청어의 물기를 없앤다.
03 달구어 식힌 석쇠에 기름을 바르고 청어를 얹어 구워낸다.

청어구이는 기름진 등푸른 생선인 청어를 웃소금만 뿌린 후 석쇠에 구워낸 것으로 고소하면서도 감칠맛에 젊음을 지켜주는 건강식품으로 각광을 받고 있다. 서울과 경기지방에서는 청어를 '비웃'이라 하며 이는 청어가 값싸고 맛있어 서울의 가난한 선비들이 잘 먹은 고기라서 비유어肥儒漁라 한데서 유래되었다고 「명물기략」에 씌여있다.

- 경상도 지방의 '과매기'는 청어의 머리와 내장을 제거한 다음 솔잎을 땔 때 나오는 향연으로 훈제하여 말리는 것이다.
- 청어알은 유난히 크고 노란데 영남 해안지방에서는 부녀자들이 날을 받아 청어알을 먹으면서 청어알 만큼이나 풍성한 다산을 기원했다고 한다.

가자미식해는 가자미에 조밥과 고춧가루, 무채, 엿기름을 한데 버무려 삭힌 것으로 새콤하면서도 매운 맛이 독특하다. 술안주나 밥반찬으로 잘 어울리며 생선과 밥의 조화라는 점에서 일본 '스시'의 원조라고 볼 수 있다.

가자미식해

재료및분량

가자미 10마리
메좁쌀 1컵
무 250g
굵은 소금 1컵
식해양념
마늘 80g, 대파 50g, 생강 20g, 고춧가루 1컵, 엿기름 1/2컵, 설탕 1큰술
조청 3큰술, 꽃소금 3큰술

03 채썬 무에 소금 뿌리기

02 절여진 가자미 썰기

04 고운 엿기름가루 받기

06 재료를 식해양념으로 버무리기

만드는법

01 가자미는 노랑 참가자미를 골라 비늘과 내장을 제거한 후 굵은 소금을 살살 뿌려 하룻 동안 절여 둔다.
02 절여진 가자미는 이틀 정도 채반에 널어 꾸덕꾸덕하게 말린다.
03 무는 굵게 채 썰어 굵은 소금을 뿌려 절인 후 물에 헹구어 물기를 꼭 짠다.
04 엿기름은 갈거나 빻아 고운 체로 친 다음 하얗고 고운 엿기름 가루만 모은다.
05 메좁쌀은 고슬고슬하게 밥을 지어 식혀둔다.
06 꾸덕꾸덕하게 말린 가자미를 한입 크기로 토막내 썰고 절인 무, 메조밥에 고춧가루 등의 식해양념을 넣어 골고루 버무린다.
07 부족한 간은 소금으로 맞추고 항아리에 꼭꼭 눌러 담아 서늘한 곳에서 4~5일간 삭힌다.

- 가자미 외에 생태, 도루묵으로도 식해를 만든다.
- 밥을 지을 때는 반드시 메좁쌀로 짓고 메좁쌀에는 돌이 많으므로 세심한 주의를 요한다.
- 간편한 방법으로는 가자미를 소금에 하룻 동안 절인 다음 면보에 싸서 큰 돌로 눌러 두기도 한다.

깨엿강정은 깨(참깨, 흑임자)를 각각 씻어 일어 타지않게 볶은 것을 뜨거운 엿물에 넣고 버무려 밀어 굳힌 다음 여러 가지 모양으로 잘라낸 것으로 주로 겨울철에 많이 먹는 전통적인 한과이다. 계절에 구분하지 않고 누구나 즐겨먹는 영양학적으로도 우수한 우리의 과자이다.

깨엿강정

재료 및 분량

참깨 2컵
검정깨 2컵
들깨 2컵
호두 5개

고명
대추, 호박씨 적당량

엿물
흰설탕 1컵, 물엿 1$\frac{1}{2}$컵, 물 1/2컵

02 검정깨 일어 볶기

03 끓인 엿물의 농도 확인

04 엿물에 재빨리 버무리기

05 방망이로 편편하게 밀기

06 소 넣어 한 겹으로 말기

06 소 넣어 두 겹으로 말기

만드는 법

01 참깨는 찬물에 불려서 나일론 망에 넣고 문질러 껍질을 벗겨낸 후 건져 물기가 빠지면 기름을 두르지 않은 번철에서 색이 나지 않게 통통하게 볶는다.

02 검정깨와 들깨는 씻어 인 다음 체에 받쳐 물기를 뺀 후 번철에 볶는다. 깨가 탁탁 소리를 내면서 튀고 손으로 비벼 보아 쉽게 부서지면 알맞게 볶아진 것이다.

03 냄비에 물과 설탕을 넣고 끓이다가 설탕이 녹으면 물엿을 넣고 약한 불에서 실이 날 정도로 끓인다.

04 뜨거운 엿물에 볶은 깨를 약간 데워서 넣고 한 덩어리가 될 때까지 재빨리 버무린다.

05 엿강정 틀에 비닐을 깔고 버무린 깨를 쏟아 놓고 대추와 호박씨로 고명을 올리고 기름 바른 밀대로 밀어서 0.7cm 두께로 편편하게 민다.

06 완전히 굳기 전에 마름모꼴로 썰거나 둥글게 말은 강정을 0.8cm 두께로 썬다.

- 엿물 만들기

1. 엿물은 설탕과 물을 끓이다가 설탕이 녹으면 물엿(조청)을 넣고 약한 불에서 은근하게 끓이되 젓지 말고 그대로 끓여서 찬물에 조금 떨어뜨려 보아 엉기면 잘 된 것이다.
2. 버무릴 재료를 따끈하게 데워서 뜨거운 엿물에 넣어야 엿이 고루 잘 스며들어 서로 잘 붙고 조직이 치밀하다.

서울·경기도 음식축제

축제명	기간	장소	연락처	인터넷 사이트
여주 금사참외축제	매년 5월	여주군 금사면 근린공원 일원	여주군 금사면 031-887-3892	www.yi21.net
양평 산나물축제	매년 5월	양평군 용문산 관광지, 군민회관	031-770-2471	tour.yp21.net
남양주 슬로푸드축제	매년 5월 말	화도읍 금남리 북한강변	남양주시 위생과 031-590-8841	www.nyi.go.kr
파주 개성인삼축제	매년 10월	파주시 문산읍 마정리 일원	파주시 문화관광 031-940-5281	tour.paju.go.kr
구리 농수산물 도매시장 가을전어축제	매년 10월	구리 농수산물도매시장	구리시 031-560-5139	hamaco.co.kr
파주 농수산물축제	매년 10월	파주시 문산읍 임진각광장	파주시 031-940-4561	agri.paju.go.kr
서울사랑음식축제	매년 5월	서울광장 주변~ 세종로, 청계천변 주변	한국조리사중앙회 02-734-1545	www.hiseoulfest.or.kr
한강에서 함께하는 한마음 단오민속축제	매년 5월	서울 한강시민공원 여의도지구 민속놀이마당 일원	서울특별시 한강시민공원사업소 02-337-1621	www.hangangfest.seoul.go.kr
양평 개군 산수유축제	매년 4월	개군 산내리	주읍리 마을 개군면사무소 031-770-2612	www.yp21.net
이천시 장호원 복숭아축제	매년 9월	장호원읍 청미천 둔치	이천시 농림과 031-641-233	www.peachfestival.co.kr
이천 쌀문화축제	매년 10월	이천시 설봉공원	이천쌀문화축제 추진위원회 031-644-2606	www.ricefestival.or.kr
퇴촌 토마토축제	매년 6월	퇴촌면 정지리 축제행사장	퇴촌면사무소 총무팀 031-767-3736	www.gjcity.go.kr
안산시 대부포도축제	홀수 해 9월	대부도 행사장	안산시 농어촌진흥과 031-481-2315	www.iansan.net
김포시 포도축제	매년 7월	김포시 행사장	김포포도축제 추진위원회 031-980-5078	www.gimpo.go.kr

여주 진상명품전	매년 10월	명품전시관, 농자재 전시관 등	여주군 농업기술센터 031-887-3711	www.yj21.net
여주 천서리 막국수축제	매년 9월	천서리 일대	천서리막국수축제 추진위원회 031-887-3931	www.yj21.net
광주군 남종면 분원마을 붕어찜축제	매년 5월	남종면 분원마을	남종면사무소 총무팀 031-760-4971	www.gjcity.go.kr
가평군 포도축제	매년 9월	가평군 만남의 광장	가평군청 산업경제과 농업지원담당 031-582-2682	www.gp.go.kr
양평 양동알밤축제	매년 10월	양평군 양동면 일대	양평군 양동면사무소 031-770-2609	www.yp21.net

강원도 음식축제

축제명	기간	장소	연락처	인터넷 사이트
춘천 막국수 닭갈비축제	매년 5월	여주군 금사면 근린공원 일원	여주군 금사면 031-887-3892	www.yi21.net
인제 용대리 황태축제	매년 5월	양평군 용문산 관광지, 군민회관	031-770-2471	tour.yp21.net
인제 빙어축제	매년 5월 말	화도읍 금남리 북한강변	남양주시 위생과 031-590-8841	www.nyi.go.kr
동해 오징어축제	매년 10월	파주시 문산읍 마정리 일원	파주시 문화관광 031-940-5281	tour.paju.go.kr
주문진 오징어축제	매년 10월	구리 농수산물도매시장	구리시 031-560-5139	hamaco.co.kr
화천 화악산 토마토축제	매년 10월	파주시 문산읍 임진각광장	파주시 031-940-4561	agri.paju.go.kr
양구 곰취축제	매년 5월	서울광장 주변~ 세종로, 청계천변 주변	한국조리사중앙회 02-734-1545	www. hiseoulfest.or.kr
화천 산천어축제	매년 5월	서울 한강시민공원 여의도지구 민속놀이마당 일원	서울특별시 한강시민공원사업소 02-337-1621	www. hangangfest. seoul.go.kr
정선 감자축제	매년 4월	개군 산내리	주읍리 마을 개군면사무소 031-770-2612	www.yp21.net
속초 학사평 콩꽃마을 순두부축제	매년 9월	장호원읍 청미천 둔치	이천시 농림과 031-641-233	www. peachfestival. co.kr
인제군 열목어축제	매년 10월	이천시 설봉공원	이천쌀문화축제 추진위원회 031-644-2606	www.ricefestival. or.kr
인제군 고로쇠축제	매년 6월	퇴촌면 정지리 축제행사장	퇴촌면사무소 총무팀 031-767-3736	www.gjcity.go.kr
양양 송이축제	홀수 해 9월	대부도 행사장	안산시 농어촌진흥과 031-481-2315	www.iansan.net
양양 연어축제	매년 7월	김포시 행사장	김포포도축제 추진위원회 031-980-5078	www.gimpo. go.kr

고성 명태축제	매년 2월 말	강원도 고성군 남면 부평리 소양호일원 인근	인제군 축제추진위원회 033-460-2082	www.myeongtae.com
고성 송지호 재첩잡이축제	매년 8월 초	고성군 죽왕면 송지호	고성군청 033-680-3114	www.wanggok.com/jaecheop
강릉 단오제	매년 음력 5/3~5/7	강릉시 노암동 722-2	강릉 단오제위원회 033-641-1593	www.danojefestival.or.kr
홍천 찰옥수수축제	매년 8월 초	홍천읍 하오안리 향토문화단지	홍천군 찰옥수수축제위원회 033-430-2641	www.cornfestival.co.kr
홍천 인삼축제	매년 10월 초	홍천읍 하오안리 강원인삼농협광장	강원홍천 인삼축제위원회 033-430-2717	www.insamin.or.kr
횡성 안흥 찐빵축제	매년 10월 중순	강원도 횡성군 안흥면 안흥찐빵마을	안흥찐빵 한마당 큰잔치 추진위원회 033-340-2673	www.hsg.go.kr/kor/
횡성 한우축제	매년 9~10월	경횡성읍 생활체육공원 일원	횡성군 기획감사실 문화예술담당 033-340-2223-4	www.hshanu.or.kr

충청도 음식축제

축제명	기간	장소	연락처	인터넷 사이트
태안 백사장 대하축제	매년 10월	태안 안면도 내안면도 창기리 백사장항	백사장항 대하축제 추진위원회 041-670-2412	www.weekendot.com
제천 약초건강축제	매년 10월 초	제천시민광장 일원	제천시 축제 추진위원회 043-640-4370	www.jcfestival.or.kr
음성 청결 고추축제	매년 9월 중순	음성실내체육관	음성청결고추축제 추진위원회 043-871-3393	www.cbtour.net
영동 곶감 페스티벌	매년 12월 중순	이수공원 앞 광장	영동군 과일축제 추진위원회 043-740-3221	www.gamyd21.go.kr
영동 포도축제	매년 8월 말	군민운동장 인근	영동군 043-740-3221	www.gamyd21.go.kr
남당 새조개축제	매년 2~3월	홍성군 서부 남당리	041-630-1778	tour.chungnam.net
부여 백마강 수박 축제	매년 6월	부여청소년수련관	농협부여군지부 041-830-2352	www.buyeotour.net
괴산(소수) 살구축제	매년 7월 초	괴산군 소수면 소수초등학교	괴산군 소수면번영회 043-830-3610	www.goesan.chungbuk.kr
괴산(청안) 수박축제	매년 7월 중순	괴산군 청안면 읍내리 청안중학교 운동장	괴산군 청안 작목반 043-830-3608	www.es21.net
괴산 청결 고추축제	매년 8월 말	동진천변 및 고추유통센터	괴산청결고추축제 추진위원회	www.cbgs.net
괴산 둔율 올갱이축제	매년 5월	괴산군 칠성면 둔율전통테마마을	둔율리 전통테마마을 추진위원회	www.cbtour.net
자염축제	매년 10월	근흥면 마금리 낭금갯벌	태안군 문화관광과 041-670-2761	www.taean.cult21.or.kr
논산 딸기축제	매년 4월 초	논산천 둔치(유채꽃단지) 및 관내 딸기밭	논산딸기축제 추진위원회 041-733-0861	www.nsfestival.co.kr
논산 강경젓갈축제	매년 10월	논산시 강경읍 금강고수부지	강경젓갈축제 추진위원회 041-733-0853	www.ggfestival.net

보령 키조개축제	매년 5월	보령 오천항 잠수기	수협 041-932-4215	www.boryeong.chungnam.kr
생거진천쌀축제	매년 9월 말	진천군 일원	진천군 농업기술센터 043-539-3551	www.jincheon.go.kr
세종대왕과 초정약수축제	매년 10월	충북 청원군 내수읍 초정리 북이면, 선암리 일원	청원군청 문화공보과 043-251-3226	www.mct.go.kr
서산 삼길포 우럭축제	매년 6월	서산시 대산 삼길포	서산군 041-660-2498	tour.chungnam.net
연기 조치원 복숭아축제	매년 8월	고려대 세종캠퍼스	복숭아축제 추진위원회 041-861-2505	www.peach.or.kr
홍성 광천토굴새우젓, 조선김축제	매년 10월	홍성군 광천읍 일원	광천토굴새우젓, 조선김축제추진위원회 041-630-1602	www.hongseong.go.kr
홍성 남당리 대하축제	매년 9~10월	홍성군 서부면 남당리	남당리대하축제 추진위원회 041-630-1609	www.festival.naepo.go.kr
서천 동백꽃 주꾸미 축제	매년 3월	서천군 서면 미량리 동백나무숲	서면위원회 사무실 041-952-9123	www.seocheon.go.kr
서천 전어축제	매년 9월 말 ~10월 초	서면 홍원항 일원	서면개발위원회 041-950-4613	www.seocheon.go.kr
충주 사과축제	매년 10월	충주체육관광장	충주시 농업정책과 043-850-5721	www.cj100.net
충주 복숭아축제	매년 8월	충주체육관광장	충주시 농업정책과 043-850-5721	www.cj100.net
충주 밤축제	매년 10월	충주체육관광장	충주시 농업정책과 043-850-5721	www.cj100.net
보령호 친환경 농산물축제	매년 10월 중순	미산면 체육공원	보령호 친환경 농산물축제 추진위원회 041-933-4301	tour.chungnam.net
천북굴축제	매년 12월 초	천북면 장은리 굴단지	천북면 굴축제 추진위원회 041-641-9031	tour.chungnam.net
금산 인삼축제	매년 9월	금산군 일원	금산인삼축제 추진위원회 041-750-2225	www.insamfestival.co.kr

청양 고추, 구기자축제	매년 9월	청양지천변 백세공원	청량군청 041-943-2703	www.cheongyang.go.kr
your 옥천포도축제	매년 6월	옥천시 포도축제장	옥천시 043-730-3114	festival.oc.go.kr
무창포 대하전어축제	매년 9월 중순 ~10월 초순	무창포해수욕장	무창포축제 추진위원회 041-936-3561	tour.chungnam.net
공주 알밤축제	매년 6월	금강 둔치공원	공주시 산림과 041-840-2842	tour.chungnam.net
천안 2009 웰빙식품엑스포	매년 9월	천안 삼거리공원 일원	천안 웰빙식품엑스포 조직위원회 041-521-2385	www.cheonanexpo.or.kr
보령 무창포 주꾸미축제	매년 3~4월	무창포해수욕장 일원	무창포축제 추진위원회 041-936-3510	tour.chungnam.net
서천 자연산 광어도미축제	매년 5월	서천군 마량포구	서천군 축제추진위원회 041-950-4019	tour.chungnam.net

전라도 음식축제

축제명	기간	장소	연락처	인터넷 사이트
고로쇠약수제	매년 4월 초	지리산 뱀사골 반선주차장	남원시 산내면 번영회 063-620-6162	www.namwon.go.kr
광양 전어축제	매년 9월 중	망덕포구 해안도로 광양만 일대	광양시 문화관광과 061-797-2606	www.gwangyang.go.kr
음성 청결 고추축제	매년 9월 중순	음성실내체육관	음성청결고추축제 추진위원회 043-871-3393	www.cbtour.net
광양 숯불구이축제	매년 10월 중	광양읍 서천체육공원	광양 전통숯불구이 축제 추진위원회 061-797-2721	www.gwangyang.go.kr
전주 국제 발효식품엑스포	매년 10월 말	전주월드컵경기장	전주국제발효식품 엑스포조직위원회 063-272-6998	www.iffe.or.kr
전주비빔밥축제	매년 10월 말	전주 한옥마을	전주시 문화관광과 063-277-2517	www.jjpnj.com
고창 수박축제	매년 7월 말	고창 대성고등학교 교정	고창수박축제전 위원회 063-560-2228	www.gochang.co.kr
김제 지평선축제	매년 9월 말	김제시 부량면 일원 (벽골제 중심)	김제시 063-540-3324	www.gimje.go.kr
군산 주꾸미축제	매년 3월 말	군산시 해망동 수산물종합센터	군산시 문화관광과 063-450-6325	www.gunsan.go.kr
군산 꽁당보리축제	매년 5월	군산시 미성동 문창초등학교 주변 보리밭 일원	군산시 관광진흥과 063-450-3081	travel.gunsan.go.kr
곰소젓갈 · 해양문화 노을축제	매년 10월	부안군 진서면 다용도부지 일대	부안군 문화관광과 063-582-8737	www.buan.go.kr
낙안읍성축제	매년 4월 말	순천시 낙안면 동내리, 서내리, 남내리	순천시낙안읍성 축제준비위원회 061-749-3347	www.nagan.or.kr

남도음식 문화대축제	매년 10월	무안군 삼향면 남악면	전라남도 축제 추진위원회 061-247-0011	www. namdofood.or.kr
무주 반디골머루축제	매년 9월	무주군 적상면 산청마을 산성와인공장 필드 일원	무주군 문화관광과 063-320-2604	www.mujutour. com
무주 천마축제	매년 10월	무주군 안성면 장기리 안성중고교	무주군 문화관광과 063-320-2766	www.mujutour. com
전주 명품 복숭아잔치	매년 7월 말	전주종합경기장	전주시 문화관광팀 063-281-2114	www.tour.jeonju. go.kr
전주 천년의 맛축제	매년 11월 초	경기전 · 한옥마을 일대	천년의 맛 축제준비위원회 063-281-2515	www.jeonju. go.kr
여수 수산물축제	매년 5월	여수시 중앙동 물량장	여수시 문화관광과 062-690-2220	www.yeosu. go.kr
광주 김치대축제	매년 11월 중순	광주염주종합체육관	일원김치대축제 운영사무국 062-613-3576	www.kimchi. gwangju.kr
장수 한우랑사과랑 축제	매년 9월	장수군 두산리	한우랑사과랑 축제추진위원회 063-350-2844	www. jangsufestival. com
전북 딸기대축제	매년 3월 말	삼례 IC~삼례농협도로 중간지점	완주군 문화관광과 063-240-4320	www.tour.wanju. go.kr
진도 참전복축제	매년 9월 초	진도군 지산면 보전리 바다양식단지 물양장	진도참전복 축제추진위원회 061-540-3359	www.tour.jindo. go.kr
영광 법성포 단오제	매년 5월	법성숲쟁이공원	법성면사무소 061-356-2341	www. yeonggwang. jeonnam.kr
보성다향제	매년 5월	대한다원, 체육공원 일원	보성군 061-850-5223	보성군 061-850-5223
고창 수산물축제	매년 9월 말 ~10월 초	하전갯벌체험장	수산물축제위원회 063-560-2412	www.gochang. co.kr
고창 청보리밭축제	매년 4~5월	고창군 학원농장 일원	고창 청보리밭축제 위원회 063-560-2599	culture. gochang.go.kr
고창 복분자축제	매년 6월	선운산 도립공원일대	고창군 문화관광과 063-560-2599	culture. gochang.go.kr

김제 백구면 포도축제	매년 8월	김제시 백구면 일원	백구농협 063-542-2774	www.egimje.net
완주 비봉수박축제	매년 7월	비봉농협	비봉농협 063-273-6004	www.wanju.go.kr
순창 고추장축제	매년 11월 초	순창전통고추장 민속마을	순창군청 063-650-1667	www.sunchang.go.kr
전주 한옥마을 김장축제	매년 11월 중순	전주 한옥마을	전주한옥마을 김장축제위원회 063-284-1126	www.koreanhouse.co.kr

경상도 음식축제

축제명	기간	장소	연락처	인터넷 사이트
송정 미역축제	매년 2월	송정해수욕장	해운대문화관광과 051-749-4732	www.haeundae.go.kr
문경 전통찻사발 축제	매년 5월 초	경북 문경시 문경읍 문경도자기전시관	문경 전통 찻사발축제 추진위원회 054-550-6394	www.sabal21.com
봉화 춘양목 송이축제	매년 9월 말 ~10월 초	봉화읍 체육공원, 춘양면소재지, 송이산지 일원	봉화군축제 추진위원회 054-679-6371	www.bonghwa.go.kr/potal/songi
풍기 인삼축제	매년 9월 말 ~10월 초	경북 영주시 풍기읍 남원천변	풍기인삼축제 추진위원회 054-639-6062	www.yeongju.go.kr
남해 창선면 바지락축제	매년 3월	남해대교 타운 내	창선면 총무팀 055-860-8451	tour.namhae.go.kr
아카시아벌꿀축제	매년 5월 초	경북 칠곡군 왜관읍	칠곡군청 054-979-6063	www.acasia.go.kr
웰빙 영양 일월산 산나물 한마당	매년 5월 중순	경북 영양군 영양읍 복계천	영양군청 054-680-6067	www.tour.yyg.go.kr
대저 토마토축제	매년 4월 초	강서체육공원	부산강서구청 농산과 051-970-4811~4	www.tour.bsgangseo.go.kr
부산 봄나물축제	매년 3월	부산BEXCO	부산농업기술센터 051-972-0941	www.nongup.busan.kr
거창 사과축제	매년 11월	거창읍 위천천 둔치	거창사과원예 농업협동조합 055-943-7244	www.geochang.go.kr
산청과일축제	매년 11월 초	경남 산청군 삼장면 일원	산청군, 농협산청군지부, 산청군농협 055-970-6422	www.tour.sancheong.ne.kr
단산포도축제	매년 9월 말	경북 영주시 단산면	영주시청 054-639-6062	www.yeongju.go.kr
오미자축제	매년 9월 말	경북 문경시 동로초등학교 및 동로면 일원	문경시청 054-550-6393	www.gbmg.go.kr
청도 반시축제	매년 10월	청도 천변 둔치	054-370-6376	tour.cheongdo.go.kr

기장 붕장어축제	매년 10월 말	기장읍 연화리 신암항 (대변항 바로 옆)	기장붕장어축제 추진위원회 051-722-0771	www.mct.go.kr
부산 자갈치 문화관광축제	매년 10월 중순	부산 자갈치시장 일원	부산 자갈치시장 일 원	www.ijagalchi. co.kr
하동 야생차문화축제	매년 5월 말	하동군 화개면 쌍계사 차시배 지 및 진고면 백련리 도요지 일원	하동군청 055-880-2375~8	www.hadong. go.kr
지리산 한방약초축제	매년 5월 초	산청군 금서면 공설운동장 / 군내 일원	지리산한방약초 축제위원회 055-970-6421	www. jirisanherbfestival. or.kr
봉화 은어축제	매년 8월 초	봉화읍 체육공원, 내성천	봉화군축제 추진위원회 054-679-6613	www.bonghwa. go.kr
재산 돌수박축제	매년 8월 중순	경북 봉화군 재산면 현동리	재산 수박축제 추진 위원회 054-679-6613	www.bonghwa. go.kr
송이축제	매년 10월 초	경북 울진군 울진읍	울진군청 054-785-6393	www.uljin.go.kr
경주 버섯축제	매년 10월 초	경북 경주시 신평동 보문단지 야외공연장	경주버섯연구회, 건천농협 054-779-6369	www. gyeoungju.go.kr
남해 보물섬 미조해산물축제	매년 10월	보물섬 미조항 일대	미조면사무소 055-860-3605	tour.namhae. go.kr
화전놀이한마당	매년 4월 초	문화예술의 거리 (첨성대 옆)	사단법인 신라문화 진흥원 사무국 054-746-1950	www.shilla.or.kr
광안리 어방축제	매년 4월 중순	광안리해수욕장 일원	부산광역시 수영구 문화공보과 051-610-4062~5	www.festival- eobang. suyeong.go.kr
성주 참외축제	매년 5월	성주군 성밖숲 및 성주군 일원	054-930-6065	www.scf.or.kr
경주 한국의 술과 떡 잔치	매년 4월 중순	경상북도 경주시 경주황성공원	한국의 술과 떡잔치 추진위원회 054-779-6396	www.sulddoeok. gyeongju.go.kr
마산 어시장축제	매년 9월 초	마산시 어시장	마산시 해양수산과 055-240-2191	www.masan. go.kr
명지전어축제	매년 9월 초	명지시장 주차장 일원	부산광역시 강서구 청 051-970-4472	www.gangseo. busan.kr

가덕도 대항 숭어들이축제	매년 4~5월	부산강서구 천가동 (가덕도) 대항마을	가덕도 대항 숭어들 이 축제추진위원회 051-971-7259	www. bsgangseo. go.kr
부석 사과축제	매년 10월 말	경북 영주시 부석면	영주시청 054-639-6062	www.yeongju. go.kr
청송 사과축제	매년 10월 말	경북 청송군 청송읍	청송사과사이버 축제추진단 054-870-6237	www.cs.go.kr
김천 포도축제	매년 7~8월	포도집산지(봉산, 대향면 일 원), 직지사(전통사찰) 주변	김천시청 054-420-6062	www.gimcheon. go.kr
울릉도 오징어축제	매년 7월 말	경북 울릉군 울릉읍	울릉군청 054-790-6396	www.ulleung. go.kr
삼천포항 전어축제	매년 8월 초	사천시 삼천포항 팔포매립지 일원	팔포상가번영회 055-832-8568	www. toursaceon.net
함양 산삼축제	매년 6월 초	경상남도 함양군 공성운동장 / 실내체육관 및 용추자연휴양 림	산삼축제준비위원회 1577-3345	www.3325.co.kr
울진 대게축제	매년 4월 초	경북 울진군 후포항 한마음광장	울진군청 054-785-6393	www.ulgin.go.kr
영덕 대게축제	매년 4월 중순	경북 영덕군 강구면 삼사해상공원	영덕군청 054-730-6396	www.tour.yd.go. kr
통영 쏙잡기체험	매년 5월 중순	통영시 한산면 대고포 마을 갯 벌, 대고포 생태마을 일원	한산면사무소 055-642-3008, 642-8119	www.gnty.net
남해지족갯마을 쏙잡기체험	매년 6월	남해군 삼동면	마을정보센터운영위 원장 055-867-1277	www.jijok.invil. prg
산청 한방약초축제	매년 5월 초	산청읍 경호강변 및 전통 한방휴양관광지 일원	055-970-7701	www.scherb. or.kr
하동 녹차참숭어축제	11월 중	하동군수협본점주변	하동군 문화관광과 055-880-2375	tour.hadong. go.kr
민물고기체험행사	매년 8월 초	경북 예천군 예천읍 노상리	예천군청 054-650-6394	www.yecheon. go.kr
봉성 돼지숯불요리축제	매년 8월 중순	봉화군 봉성면 봉성리 봉성장터	봉성돼지숯불요리 축제추진위원회 054-679-6613	www.bonghwa. go.kr

포항 과메기축제	매년 12월 말 ~1월 초	경북 포항시 북구 항구동 북부해수욕장특별행사장, 구룡포	포항시청 054-245-6064~5	www.ipohang.org
악양대봉감축제	매년 11월 초	섬진강 평사리 공원	악양면 청년회 055-880-2424	www.gntour.com
의령 토요애수박축제	매년 5월 중	의령국민체육센터 다목적구장	의령군 문화체육과 055-570-2431	tour.uiryeong.go.kr
남해 보물섬마늘축제	매년 5월 중	보물섬 마늘나라 주변일대	남해군 문화관광과 055-860-8601	tour.namhae.go.kr
하동진교 술상 전어축제	매년 8월 초	진교면 술상마을	진교면 면사무소 055-880-6261~4	www.hadong.go.kr
울산 고래축제	매년 6월 초	태화강 둔치 / 장생포 해양공원	울산광역시 남구 울산고래축제추진위원회 052-226-2994	www.whalekorea.com
기장 멸치축제	매년 4월 말	기장읍 대변항 일대	기장군청 문화관광과 051-720-5081~3	www.culture.gijang.busan.kr
고추문화축제	매년 9월 초	군민회관, 공설운동장 일원	영양군청 054-680-6067	www.yyg.go.kr

제주도 음식축제

축제명	기간	장소	연락처	인터넷 사이트
최남단방어축제	매년 11월	남제주군 모슬포항	최남단방어 축제위원회 064-794-8036	www.bangeofestival.com
제주 감귤축제	매년 11월	서귀포시 월드컵 경기장 및 도행사장 5개소	제주도청 감귤과 064-710-3171	www.culture.jeju.go.kr
강정천 올림은어축제	매년 6월	서귀포시 강정천	강정천올림은어 축제위원회 064-739-0090	www.infojeju.com
보목알품 자리돔축제	매년 6월 중순	서귀포시 보목항 일원	보목자리돔큰잔치 추진위원회 064-733-1077	www.infojeju.com
도두종오래물 수산물대축제	매년 8월	제주시 도두동 유람선 선착장	제주시 도두동 연합청년회 064-728-4942	www.culture.jeju.go.kr
법환수산일품 한치 큰잔치	매년 8월	서귀포시 법환포구	서귀포시청 산업경제과 064-735-3414	www.infojeju.com
국제차문화축제	매년 11월	서귀포 일대	제주도 다도협회 064-782-9555	www.culture.jeju.go.kr
최남단 감귤체험축제	매년 12월	남제주군 농업기술센터 농업생태원	남제주군 농업기술센터 064-730-1553	www.culture.jeju.go.kr
제주 고사리축제	매년 4월 말	남제주군 남원읍 수망리	남제주군청 관광진흥과 064-730-1544	www.tour.namjeju.go.kr
제주 도새기축제	매년 5월	제주경마공원	제주양돈농협 기획총무과 064-744-2322	www.porkfestival.net

한식메뉴 외국어 표기 길라잡이 700

상차림 [SANGCHARIM]– Korean Set Table

백반 Baekban_Combination Meals
산채 정식 Sanchaejeongsik_Wild Vegetable Dish Combo
쌈밥 정식 Ssambapjeongsik_Leaf Wraps and Rice Combo
한정식 Hanjeongsik_Korean Table d'hote

밥 BAP

곤드레나물밥 Gondeurenamulbap_Thistle Rice
굴국밥 Gulgukbap_Oyster and Rice Soup
굴밥 Gulbap_Oyster Rice
김밥 Gimbap_Gimbap
김치김밥 Kimchigimbap_Kimchi Gimbap
김치볶음밥 Kimchibokkeumbap_Kimchi Fried Rice
낙지덮밥 Nakjideopbap_Spicy Stir–fried Octopus with Rice
누룽지 Nurungji_Scorched Rice
대나무통밥 Daenamutongbap_Steamed Rice in Bamboo Tube
돌솥비빔밥 Dolsotbibimbap_Hot Stone Pot Bibimbap
돼지국밥 Dwaejigukbap_Pork and Rice Soup
따로국밥 Ttarogukbap_Rice and Soup
멍게비빔밥 Meonggebibimbap_Sea Pineapple Bibimbap
메밀감자비빔밥 Memilgamjabibimbap_Buckwheat and Potato Bibimbap
묵밥 Mukbap_Chilled Acorn Jelly and Rice Soup
밥 Bap_Steamed Rice
보리밥 Boribap_Steamed Barley Rice
불고기덮밥 Bulgogideopbap_Bulgogi with Rice
비빔밥 Bibimbap_Bibimbap
산채비빔밥 Sanchaebibimbap_Wild Vegetable Bibimbap
삼선비빔밥 Samseonbibimbap_Three–delicacy Bibimbap
새싹비빔밥 Saessakbibimbap_Sprout Bibimbap
샐러드김밥 Salad Gimbap_Salad Gimbap
소고기국밥 Sogogigukbap_Beef and Rice Soup
소고기김밥 Sogogigimbap_Beef Gimbap
소머리국밥 Someorigukbap_Beef Head Meat and Rice Soup
송어덮밥 Songeodeopbap_Stir–fried Trout with Rice
순대국밥 Sundaegukbap_Blood Sausage and Rice Soup
쌈밥 Ssambap_Leaf Wraps and Rice
알밥 Albap_Fish Roe Rice
양푼비빔밥 Yangpunbibimbap_Large Brass Bowl Bibimbap
연잎밥 Yeonnipbap_Lotus Leaf Rice
열무비빔밥 Yeolmubibimbap_Young Summer Radish Bibimbap
영양돌솥밥 Yeongyangdolsotbap_Nutritious Hot Stone Pot Rice
오곡밥 Ogokbap_Steamed Five–grain Rice
오분작돌솥밥 Obunjakdolsotbap_Small Abalone Hot Stone Pot Rice
오징어덮밥 Ojingeodeopbap_Spicy Stir–fried Squid with Rice
우거지사골국밥 Ugeojisagolgukbap_Napa Cabbage and Rice Soup
우렁된장비빔밥 Ureongdoenjangbibimbap_Freshwater Snail Soybean Paste Bibimbap

우렁쌈밥 Ureongssambap_Freshwater Snail Leaf Wraps and Rice
육회돌솥비빔밥 Yukhoedolsotbibimbap_Beef Tartare Hot Stone Pot Bibimbap
육회비빔밥 Yukhoebibimbap_Beef Tartare Bibimbap
잡곡밥 Japgokbap_Steamed Multi-grain Rice
잡채덮밥 Japchaedeopbap_Stir-fried Glass Noodles andVegetables with Rice
장국밥 Janggukbap_Beef and Rice Soup
장어덮밥 Jangeodeopbap_Stir-fried Eel with Rice
전복돌솥밥 Jeonbokdolsotbap_Abalone Hot Stone Pot Rice
전주비빔밥 Jeonjubibimbap_Jeonju Bibimbap
제육덮밥 Jeyukdeopbap_Spicy Stir-fried Pork with Rice
제육비빔밥 Jeyukbibimbap_Spicy Pork Bibimbap
제육쌈밥 Jeyukssambap_Spicy Stir-fried Pork, Leaf Wraps and Rice
주먹밥 Jumeokbap_Riceballs
진주비빔밥 Jinjubibimbap_Jinju Bibimbap
참치김밥 Chamchigimbap_Tuna Gimbap
충무김밥 Chungmugimbap_Chungmu Gimbap
치즈김밥 Cheese Gimbap_Cheese Gimbap
콩나물국밥 Kongnamulgukbap_Bean Sprout and Rice Soup
콩나물밥 Kongnamulbap_Bean Sprout Rice
헛제삿밥 Heotjesatbap_Bibimbap with Soy Sauce
황태구이덮밥 Hwangtaeguideopbap_Grilled Dried Pollack with Rice
회덮밥 Hoedeopbap_Raw Fish Bibimbap

죽 JUK

게살죽 Gesaljuk_Crab Porridge
녹두죽 Nokdujuk_Mung Bean Porridge
바지락죽 Bajirakjuk_Clam Porridge
백합죽 Baekhapjuk_Hard Clam Porridge
버섯옥수수죽 Beoseotoksusujuk_Mushroom and Corn Porridge
버섯죽 Beoseotjuk_Mushroom Porridge
삼계죽 Samgyejuk_Ginseng and Chicken Porridge
소고기버섯죽 Sogogibeoseotjuk_Beef and Mushroom Porridge
어죽 Eojuk_Fish Porridge
잣죽 Jatjuk_Pine Nut Porridge
전복내장죽 Jeonboknaejangjuk_Abalone Intestine Porridge
전복죽 Jeonbokjuk_Abalone Porridge
참치죽 Chamchijuk_Tuna Porriddge
채소죽 Chaesojuk_Vegetable Porridge
팥죽 Patjuk_Red Bean Porridge
해물죽 Haemuljuk_Seafood Porridge
호박죽 Hobakjuk_Pumpkin Porridge
흑임자죽 Heugimjajuk_Black Sesame Porridge

면 MYEON

감자수제비 Gamjasujebi_Hand-pulled Potato Dough Soup
감자옹심이 Gamjaongsimi_Potato Ball Soup
검정콩국수 Geomjeongkongguksu_Noodles in Cold Black Soybean Soup
고기국수 Gogiguksu_Pork Noodles
곰국시 Gomguksi_Beef Noodles
김치말이국수 Kimchimariguksu_Kimchi Noodles
냉메밀국수 Naengmemilguksu_Cold Buckwheat Noodles

느른국 Neureunguk_Buckwheat Noodle Soup
닭칼국수 Dakkalguksu_Noodle Soup with Chicken
동치미물냉면 Dongchimimullaengmyeon_Cold Buckwheat Noodles with Radish Water Kimchi
들깨수제비 Deulkkaesujebi_Hand-pulled Dough in Perilla Seed Soup
들깨칼국수 Deulkkaekalguksu_Noodle Soup with Perilla Seeds
떡국 Tteokguk_Scorched Rice
막국수 Makguksu_Buckwheat Noodles
매생이굴칼국수 Maesaengigulkalguksu_Noodle Soup with Seaweed Fulvescens and Oyster
물냉면 Mullaengmyeon_Cold Buckwheat Noodles
바지락칼국수 Bajirakkalguksu_Noodle Soup with Clams
비빔국수 Bibimguksu_Spicy Noodles
비빔냉면 Bibimnaengmyeon_Spicy Buckwheat Noodles
수제비 Sujebi_Hand-pulled Dough Soup
안동국시 Andongguksi_Andong Noodle
어탕국수 Eotangguksu_Noodle in Fish Stew
얼큰수제비 Eolkeunsujebi_Spicy Hand-pulled Dough Soup
얼큰칼국수 Eolkeunkalguksu_Spicy Noodle Soup
열무국수 Yeolmuguksu_Young Summer Radish Kimchi Noodles
열무냉면 Yeolmunaengmyeon_Buckwheat Noodles with Young Summer Radish Kimchi
열무비빔국수 Yulmubibimguksu_Spicy Noodles with Young SummerRadish Kimchi
온면 Onmyeon_Warm Noodles
잔치국수 Janchiguksu_Banquet Noodles
쟁반국수 Jaengbanguksu_Jumbo-sized Buckwheat Noodles
진주냉면 Jinjunaengmyeon_jinju Cold Buckwheat Noodles
쫄면 Jjolmyeon_Spicy Chewy Noodles
초계국수 Chogyeguksu_Cold Chicken Noodles
칡냉면 Chingnaengmyeon_Cold Arrow Root Noodles
칼국수 Kalguksu_Noodle Soup
코다리냉면 Kodarionaengmyeon_Cold Buckwheat Noodles with Halfdried Pollak
콧등치기국수 Kotdeungchigiguksu_Buckwheat Noodles with Potato Balls
콩국수 Kongguksu_Noodles in Cold Soybean Soup
팥칼국수 Patkalguksu_Red Bean Paste Noodle Soup
평양냉면 Pyeongyangnaengmyeon_Pyeongyang Cold Buckwheat Noodles
함흥냉면 Hamheungnaengmyeon_Hamheung Cold Buckwheat Noodles
항아리수제비 Hangarisujebi_Hand-pulled Dough Soup in Pot
해물수제비 Haemulsujebi_Hand-pulled Dough Soup withSeafood
해물칼국수 Haemulkalguksu_Noodle Soup with Seafood
황태비빔막국수 Hwangtaebibimmakguksu_Spicy Buckwheat Noodles with DriedPollack
황태칼국수 Hwangtaekalguksu_Noodle Soup with Dried Pollack
회냉면 Hoenaengmyeon_Cold Buckwheat Noodles with Raw Fish

국 GUK

곰칫국 Gomchitguk_Moray Eel Soup
근댓국 Geundaetguk_Leaf Beet Soup
김치콩나물국 Kimchikongnamulguk_Kimchi and Bean Sprout Soup
김칫국 Kimchitguk_Kimchi Soup
냉이된장국 Naengidoenjangguk_Shepherd's Purse Soybean PasteSoup
달걀국 Dalgyalguk_Egg Soup
닭개장 Dakgaejang_Spicy Chicken Soup
도다리쑥국 Dodarissukguk_Flounder and Mugwort Soup
도토리묵사발 Dotorimuksabal_Chilled Acorn Jelly Soup

된장국 Doenjangguk_Soybean Paste Soup
두부새우젓국 Dubusaeujeotguk_Bean Curd and Salted Shrimp Soup
매생잇국 Maesaengitguk_Seaweed Fulvescens Soup
매생이굴국 Maesaengigulguk_Seaweed Fulvescens and Oyster Soup
무된장국 Mudoenjangguk_Radish Soybean Paste Soup
미역국 Miyeokguk_Seaweed Soup
미역냉국 Miyeongnaengguk_Chilled Seaweed Soup
바지락조갯국 Bajirakjogaeguk_Clam Soup
배추된장국 Baechudoenjangguk_Cabbage Soybean Paste Soup
버섯육개장 Beoseotyukgaejang_Spicy Mushroom and Beef Soup
복국 Bokguk_Puffer Soup
북엇국 Bugeotguk_Dried Pollack Soup
사골우거지해장국 Sagolugeojihaejangguk_Napa Cabbage Hangover Soup
선짓국 Seonjitguk_Beef Blood Soup
섭국 Seopguk_Mussel Soup
소고기뭇국 Sogogimutguk_Beef and Radish Soup
소고기미역국 Sogogimiyeokguk_Beef and Seaweed Soup
소고기육개장 Sogogiyukgaejang_Spicy Beef Soup
순댓국 Sundaetguk_Blood Sausage Soup
시금치된장국 Sigeumchidoenjangguk_Spinach Soybean Paste Soup
시래기된장국 Siraegidoenjangguk_Dried Radish Leaf Soybean PasteSoup
쑥된장국 Ssukdoenjangguk_Mugwort Soybean Paste Soup
아욱국 Aukguk_Curled Mallow Soup
어묵국 Eomukguk_Fishcake Soup
오이냉국 Oinaengguk_Chilled Cucumber Soup
오징엇국 Ojingeotguk_Squid Soup
올갱잇국 Olgaengitguk_Melanian Snail Soup
우거지된장국 Ugeojidoenjangguk_Napa Cabbage Soybean Paste Soup
우거지해장국 Ugeojihaejangguk_Napa Cabbage Hangover Soup
우렁된장국 Ureongdoenjangguk_Freshwater Snail Soybean Paste Soup
육개장 Yukgaejang_Spicy Beef Soup
재첩국 Jaecheopguk_Freshwater Marsh Clam Soup
초당순두부 Chodangsundubu_Chodang Soft Bean Curd
콩나물국 Kongnamulguk_Bean Sprout Soup
콩나물해장국 Kongnamulhaejangguk_Bean Sprout Hangover Soup
토란국 Toranguk_Taro Soup
해장국 Haejangguk_Hangover Soup
홍합미역국 Honghammiyeokguk_Mussel and Seaweed Soup
황태해장국 Hwangtaehaejangguk_Dried Pollack Hangover Soup

탕 TANG

갈낙탕 Gallaktang_Short Rib and Octopus Soup
갈비탕 Galbitang_Short Rib Soup
감자탕 Gamjatang_Hot Stone Pot Bibimbap
곰탕 Gomtang_Beef Bone Soup
광어매운탕 Gwangeomaeuntang_Spicy Flatfish Stew
굴탕 Gultang_Oyster Soup
꼬리곰탕 Kkorigomtang_Oxtail Soup
꽃게탕 Kkotgetang_Spicy Blue Crab Stew
내장탕 Naejangtang_Intestine Soup
닭곰탕 Dakgomtang_Chicken Soup

대구맑은탕 Daegumalgeuntang_Codfish Soup
대구매운탕 Daegumaeuntang_Spicy Codfish Stew
대합탕 Daehaptang_Hard Clam Soup
도가니탕 Doganitang_Ox Knee Soup
도미맑은탕 Domimalgeuntang_Sea Bream Soup
도미매운탕 Domimaeuntang_spicy Sea Bream Stew
동태탕 Dongtaetang_Pollack Soup
뚜거리탕 Ttugeoritang_Spicy Floating Goby Stew
뚝배기불고기 Ttukbaegibulgogi_Hot Pot Bulgogi
롤삼계탕 Roll Samgyetang_Rolled Ginseng Chicken Soup
매운탕 Maeuntang_Spicy Fish Stew
메기매운탕 Megimaeuntang_Spicy Catfish Soup
민어탕 Mineotang_Croaker Stew
버섯들깨탕 Beoseotdeulkkaetang_Mushroom and Perilla Seed Stew
복맑은탕 Bokmalgeuntang_Puffer Fish Soup
복매운탕 Bokmaeuntang_Spicy Puffer Fish Stew
사골우거지갈비탕 Sagulugeojitang_Short Rib Soup with Beef Bone and Dried Napa Cabbage Leaves
삼계탕 Samgyetang_Ginseng Chicken Soup
생태탕 Saengtaetang_Pollack Soup
설렁탕 Seolleongtang_Ox Bone Soup
쏘가리매운탕 Ssogarimaeuntang_Spicy Mandarin Fish Stew
아귀탕 Agwitang_Monkfish Soup
알탕 Altang_Spicy Fish Roe Soup
양곰탕 Yanggomtang_Beef Tripe Soup
연포탕 Yeonpotang_Bean Curd Soup
영양한우갈비탕 Yeongyanghanugalbitang_Nutritious Korean Beef Rib Soup
왕갈비탕 Wanggalbitang_Jumbo Beef Short Rib Soup
우거지갈비탕 Ugeojigalbitang_Cabbage and Short Rib Soup
우럭매운탕 Ureokmaeuntang_Spicy Rockfish Stew
우족탕 Ujoktang_Ox Feet Soup
장어탕 Jangeotang_Eel Soup
전복삼계탕 Jeonboksamgyetang_Abalone and Ginseng Chicken Soup
조개탕 Jogaetang_Clam Soup
조기매운탕 Jogimaeuntang_Spicy Yellow Croaker Stew
참게매운탕 Chamgemaeuntang_Spicy Hairy Crab Stew
초계탕 Chogyetang_Cold Chicken Soup
추어탕 Chueotang_Loach Soup
콩비지탕 Kongbijitang_Pureed Soybean Soup
콩탕 Kongtang_Soybean Soup
해물탕 Haemultang_Spicy Seafood Stew
홍어탕 Hongeotang_Skate Soup
홍합탕 Honghaptang_Mussel Soup

찌개 JJIGAE

갈치찌개 Galchijjigae_Cutlassfish Stew
강된장 Gangdoenjang_Seasoned Soybean Paste
고추장찌개 Gochujangjjigae_Red Chilli Paste Stew
김치찌개 Kimchijjigae_Kimchi Stew
꽁치김치찌개 Kkongchikimchijjigae_Saury and Kimchi Stew
도루묵찌개 Dorumukjjigae_Spicy Sailfin Sandfish Stew
동태찌개 Dongtaejjigae_Pollack Stew

돼지고기김치찌개 Dwaejigogikimchijjigae_Pork and Kimchi Stew
된장찌개 Doenjangjjigae_Soybean Paste Stew
부대찌개 Budaejjigae_Sausage Stew
생태찌개 Saengtaejjigae_Pollack Stew
순두부찌개 Sundubujjigae_Soft Bean Curd Stew
시래기된장지짐 Siraegidoenjangjijim_Braised Dried Radish Leaf Soybean Paste
애호박찌개 Aehobakjjigae_Zucchini Stew
양푼김치찌개 Yangpunkimchijjigae_Kimchi Stew in Large Brass Bowl
전복뚝배기 Jeonbokttukbaegi_Abalone Hot Pot
차돌된장찌개 Chadoldoenjangjjigae_Beef Brisket Soybean Paste Stew
참치김치찌개 Chamchikimchijjigae_Tuna and Kimchi Stew
청국장찌개 Cheonggukjangjjigae_Rich Soybean Paste Stew
콩비지찌개 Kongbijijjigae_Pureed Soybean Stew
해물뚝배기 Haemulttukbaegi_Seafood Hot Pot
해물된장찌개 Haemuldoenjangjjigae_Seafood Soybean Paste Stew
해물순두부찌개 Haemulsundubujjigae_Seafood and Soft Bean Curd Stew

찜 JJIM

갈비찜 Galbijjim_Braised Short Ribs
계란찜 Gyeranjjim_Steamed Eggs
굴보쌈 Gulbossam_Napa Wraps with Pork and Oyster
꼬리찜 Kkorijjim_Braised Oxtail
낙지찜 Nakjijjim_Braised Octopus
누룽지닭백숙 Nurungjidakbaeksuk_Whole Chicken Soup with Scorched Rice
닭백숙 Dakbaeksuk_Whole Chicken Soup
대게찜 Daegejjim_Steamed Snow Crab
대구뽈찜 Daeguppoljjim_Braised Codfish Head
더덕보쌈 Deodeokbossam_Napa Wraps with Pork and Deodeok
도가니수육 Doganisuyuk_Boiled Ox Knee
도미찜 Domijjim_Steamed Sea Bream
동태찜 Dongtaejjim_Braised Pollack
돼지등뼈찜 Dwaejideungppyeojjim_Braised Pig Backbones
등갈비묵은지찜 Deunggalbimugeunjijjim_Braised Pork Rib with Aged Kimchi
뚝배기계란찜 Ttukbaegigyeranjjim_Steamed Egg Hot Pot
매운갈비찜 Maeungalbijjim_Spicy Braised Short Ribs
머릿고기 Meoritgogi_Pork Head Meat
명태찜 Myeongtaejjim_Braised Pollack
묵은지찜 Mugeunjijjim_Braised Pork with Aged Kimchi
민어찜 Mineojjim_Steamed Croaker
병어찜 Byeongeojjim_Steamed Pomfret
보쌈 Bossam_Napa Wraps with Pork
북어찜 Bugeojjim_Steamed Dried Pollack
소갈비찜 Sogalbijjim_Braised Beef Short Ribs
소꼬리찜 Sokkorijjim_Braised Oxtail
소머리수육 Someorisuyuk_Boiled Beef Head Meat
수육 Suyuk_Boiled Beef or Pork Slices
순대 Sundae_Blood Sausage
아귀찜 Agwijjim_Braised Spicy Monkfish
아바이순대 Abaisundae_Abai Blood Sausage
안동찜닭 Andongjjimdak_Andong Braised Chicken
오리백숙 Oribaeksuk_Whole Duck Soup

오이선 Oiseon_Stuffed Cucumber
오징어순대 Ojingeosundae_Stuffed Squid
전복갈비찜 Jeonbokgalbijjim_Braised Short Ribs and Abalone
조기찜 Jogijjim_Steamed Yellow Croaker
족발 Jokbal_Braised Pigs' Feet
찜닭 Jjimdak_Braised Chicken
참꼬막찜 Chamkkomakjjim_Steamed Cockles
코다리찜 Kodarijjim_Braised Half-dried Pollack
한방오리백숙 Hanbangoribaeksuk_Whole Duck Soup with MedicinalHerbs
한방오리찜 Hanbangorijjim_Steamed Whole Duck with Medical Herbs
해물찜 Haemuljjim_Braised Spicy Seafood
홍어삼합 Hongeosamhap_Skate, Pork, and Kimchi Combo
홍어찜 Hongeojjim_Steamed Skate
황기닭백숙 Hwanggidakbaeksuk_Whole Chicken Soup with Milk VetchRoots
황기족발 Hwanggijokbal_Braised Pigs' Feet with Milk Vetch Root
황태찜 Hwangtaejjim_Braised Dried Pollack
훈제오리보쌈 Hunjeoribossam_Napa Wraps with Pork and SmokedDuck

볶음 BOKKEUM

가지볶음 Gajibokkeum_Stir-fried Eggplant
감자볶음 Gamjabokkeum_Stir-fried Potatoes
고구마맛탕 Gogumamattang_Deep-fried and Sugar Glazed Sweet Potatoes
곰장어볶음 Gomjangeobokkeum_Stir-fried Sea Eel
곱창볶음 Gopchangbokkeum_Stir-fried Beef Small Intestine, Stirfried Pork Small Intestine
국물떡볶이 Gungmultteokbokki_Stir-fried Rice Cake
궁중떡볶이 Gungjungtteokbokki_Royal Stir-fried Rice
김치볶음 Kimchibokkeum_Stir-fried Kimchi
깻잎나물볶음 Kkaennipnamulbokkeum_Stir-fried Perilla Leaves
꽈리고추멸치볶음 Kkwarigochumyeolchibokkeum_Stir-fried Shishito Peppers and Dried Anchovies
낙지볶음 Nakjibokkeum_Stir-fried Octopus
낙지철판볶음 Nakjicheolpanbokkeum_Stir-fried Octopus on Hot Iron Plate
느타리버섯볶음 Neutaribeoseotbokkeum_Stir-fried Oyster Mushroom
닭갈비 Dakgalbi_Spicy Stir-fried Chicken
닭강정 Dakgangjeong_Deep-fried and Braised Chicken
닭똥집볶음 Dakttongjipbokkeum_Stir-fried Chicken Gizzard
닭볶음탕 Dakbokkeumtang_Braised Spicy Chicken
도치두루치기 Dochiduruchigi_Stir-fried Pacific Spiny Lumpsucker
돼지고기두루치기 Dwaejigogiduruchigi_Stir-fried Pork
돼지고기볶음 Dwaejigogibokkeum_Stir-fried Pork
돼지껍데기볶음 Dwaejikkeopdegibokkeum_Stir-fried Pork Rind
두부김치 Dubukimchi_Bean Curd with Stir-fried Kimchi
떡볶이 Tteokbokki_Stir-fried Rice Cake
라볶이 Rabokki_Stir-fried Instant Noodle
마른새우볶음 Mareunsaeubokkeum_Stir-fried Dried Shrimp
매운닭발볶음 Maeundakbalbokkeum_Spicy Stir-fried Chicken's Feet
머위나물볶음 Meowinamulbokkeum_Stir-fried Butterbur
물오징어불고기 Murojingeobulgogi_Squid Bulgogi
미역줄기볶음 Mioyeokjulgibokkeum_Stir-fried Seaweed Stems
순대볶음 Sundaebokkeum_Stir-fried Blood Sausage
애호박볶음 Aehobakbokkeum_Stir-fried Zucchini
양념치킨 Yangnyeom Chicken_Seasoned Fried Chicken

어묵볶음 Eomukbokkeum_Stir-fried Fishcake
오리주물럭 Orijumulleok_Spicy Stir-fried Duck
오삼불고기 Osambulgogi_Squid and Pork Belly Bulgogi
오징어볶음 Ojingeobokkeum_Stir-fried Squid
오징어채볶음 Ojingeochaebokkeum_Stir-fried Dried Squid Strips
잔멸치볶음 Janmyeolchibokkeum_Stir-fried Small Dried Anchovies
제육볶음 Jeyukbokkeum_Stir-fried Pork
주꾸미볶음 Jukkumibokkeum_Stir-fried Webfoot Octopus
죽순볶음 Juksunbokkeum_Stir-fried Bamboo Shoots
쥐치채볶음 Jwichichaebokkeum_Stir-fried Dried Filefish Strips
즉석떡볶이 Jeukseoktteokbokki_Stir-fried Rice Cake
철판순대볶음 Cheolpansundaebokkeum_Stir-fried Blood Sausage on Hot Iron Plate
표고버섯볶음 Pyeogobeoseotbokkeum_Stir-fried Golden Oak Mushrooms
해물떡볶이 Haemultteokbokki_Stir-fried Rice Cake and Seafood

조림 JORIM

가자미조림 Gajamijorim_Braised Plaice
갈치조림 Galchijorim_Braised Cutlassfish
감자조림 Gamjajorim_Braised Potatoes
고등어조림 Godeungeojorim_Braised Mackerel
도미조림 Domijorim_Braised Sea Bream
돼지고기 메추리알장조림 Dwaejigogimechurialjangjorim_Braised Pork and Quail Eggs in Soy Sauce
두부조림 Dubujorim_Braised Bean Curd
땅콩조림 Ttangkongjorim_Braised Peanuts
메추리알장조림 Mechurialjangjorim_Braised Quail Eggs in Soy Sauce
묵은지고등어조림 Mugeunjigodeungeojorim_Braised Mackerel with Aged Kimchi
병어조림 Byeongeojorim_Braised Pomfret
북어조림 Bukeojorim_Braised Dried Pollack
생멸치조림 Saengmyeolchijorim_Braised Anchovies
소고기 메추리알장조림 Sogogimechurialjangjorim_Braised Beef and Quail Eggs in Soy Sauce
연근조림 Yeongeunjorim_Braised Lotus Roots
우럭조림 Ureokjorim_Braised Rockfish
우엉조림 Ueongjorim_Braised Burdock Roots
은대구조림 Eundaegujorim_Braised Black Cod
장조림 Jangjorim_Braised Beef in Soy Sauce
조기조림 Jogijorim_Braised Yellow Croaker
코다리조림 Kodarijorim_Braised Half-dried Pollack
콩조림 Kongjorim_Braised Beans

숙채 SUKCHAE

가지나물 Gajinamul_Eggplant Salad
간편잡채 Ganpyeonjapchae_Stir-fried Glass Noodles and Vegetables
고구마순나물 Gogumasunnamul_Sweet Potato Stem Salad
고사리나물 Gosarinamul_Bracken Salad
고춧잎나물 Gochunnipnamul_Green Pepper Leaf Salad
곤드레나물 Gondeurenamul_Korean Thistle Salad
구절판 Gujeolpan_Platter of Nine Delicacies
깻잎순무침 Kkaennipsunmuchim_Perilla Leaf Salad
나물 Namul_Salad
냉이나물 Naenginamul_Shepherd's Purse Salad
대하냉채 Daehanaengchae_Chilled Prawn Salad

도라지나물 Dorajinamul_Balloon Flower Root Salad
무나물 Munamul_Radish Salad
미나리나물 Minarinamul_Water Parsley Salad
미역초무침 Miyeokchomuchim_Brown Seaweed Salad with Vinegar Dressing
비름나물 Bireumnamul_Pigweed Salad
숙주나물 Sukjunamul_Mung Bean Sprout Salad
시금치나물 Sigeumchinamul_Spinach Salad
시래기나물 Siraeginamul_Dried Radish Leaf Salad
쑥갓나물무침 Ssukgannamulmuchim_Crown Daisy Salad
잡채 Japchae_Stir-fried Glass Noodles and Vegetables
죽순채 Juksunchae_Seasoned Bamboo Shoots
참나물 Chamnamul_Short-fruit Pimpinella Salad
취나물 Chwinamul_Aster Leaf Salad
콩나물무침 Kongnamulmuchim_Bean Sprout Salad
탕평채 Tangpyeongchae_Mung Bean Jelly Salad

생채 SAENGCHAE

골뱅이무침 Golbaengimuchim_Spicy Sea Snail Salad
굴무침 Gulmuchim_Oyster Salad
김무침 Gimmuchim_Laver Salad
꼬막무침 Kkomangmuchim_Cockle Salad
노각무침 Nogangmuchim_Yellow Cucumber Salad
달래무침 Dallaemuchim_Wild Chive Salad
대구포무침 Daegupomuchim_Dried Codfish Fillet Salad
더덕생채 Deodeoksaengchae_Deodeok Fresh Salad
도라지생채 Dorajisaengchae_Bellflower Root Fresh Salad
도토리묵 Dotorimuk_Acorn Jelly Salad
도토리묵무침 Dotorimungmuchim_Acorn Jelly Salad
돌미나리무침 Dolminarimuchim_Wild Parsley Salad
두릅초회 Dureupchohoe_Parboiled Fatsia Shoot
마늘종무침 Maneuljongmuchim_Spicy Garlic Stem Salad
메밀무침 Memilmuchim_Buckwheat Leaf Salad
메밀묵무침 Memilmungmuchim_Buckwheat Jelly Salad
무말랭이무침 Mumallaengimuchim_Dried Radish Salad
무생채 Musaengchae_Julienne Radish Fresh Salad
부추무침 Buchumuchim_Chive Salad
북어채무침 Bugeochaemuchim_Dried Pollack Strip Salad
상추겉절이 Sangchugeotjeori_Fresh Lettuce Kimchi
영양부추겉절이 Yeongyangbuchugeotjeori_Fresh Chive Kimchi
오이무침 Oimuchim_Cucumber Salad
오이미역초무침 Oimiyeokchomuchim_Sweet and Sour Seaweed Cucumber Salad
오이지무침 Oijimuchim_Pickled Cucumber Salad
오징어무침 Ojingeomuchim_Squid Salad
오징어초무침 Ojingeochomuchim_Sweet and Sour Squid Salad
올챙이묵 Olchaengimuk_Corn Starch Noodles
청포묵무침 Cheongpomungmuchim_Mung Bean Jelly Salad
파래무침 Paraemuchim_Green Laver Salad
파무침 Pamuchim_Green Onion Salad
해파리냉채 Haeparinaengchae_Chilled Jellyfish Salad

전골 JEONGOL

갈낙전골 Gallakjeongol_Short Rib and Octopus Hot Pot
곱창전골 Gopchangjeongol_Beef Tripe Hot Pot
국수전골 Guksujeongol_Noodle Hot Pot
김치전골 Kimchijeongol_Kimchi Hot Pot
낙지전골 Nakjijeongol_Octopus Hot Pot
닭한마리 Dakhanmari_Whole Chicken Stew
두부전골 Dubujeongol_Bean Curd Hot Pot
만두전골 Mandujeongol_Dumpling Hot Pot
버섯전골 Beoseotjeongol_Mushroom Hot Pot
불낙전골 Bullakjeongol_Bulgogi and Octopus Hot Pot
소고기국수전골 Sogogiguksujeongol_Beef and Noodle Hot Pot
소고기버섯전골 Sogogibeoseotjeongol_Beef and Mushroom Hot Pot
소고기전골 Sogogijeongol_Beef Hot Pot
신선로 Sinseollo_Royal Hot Pot
해물낙지전골 Haemullakjijeongol_Seafood and Octopus Hot Pot

적.산적 JEOK AND SANJEOK

송이산적 Songisanjeok_Pine Mushroom Skewers
화양적 Hwayangjeok_Beef and Vegetable Skewers

구이 GUI

가자미구이 Gajamigui_Grilled Plaice
갈치구이 Galchigui_Grilled Cutlassfish
고등어구이 Godeungeogui_Grilled Mackerel
고추장불고기 Gochujangbulgogi_Red Chili Paste Bulgogi
고추장삼겹살 Gochujangsamgyeopsal_Red Chili Paste Pork Belly
곰장어구이 Gomjangeogui_Grilled Sea Eel
곱창구이 Gopchanggui_Grilled Beef or Pork Tripe
광양불고기 Gwangyangbulgogi_Gwangyang Bulgogi
굴비구이 Gulbigui_Grilled Dried Yellow Croaker
김 Gim_Laver
꼬치구이 Kkochigui_Grilled Skewers
꽁치구이 Kkongchigui_Grilled Saury
낙지호롱 Nakjihorong_Grilled Whole Octopus
너비아니 Neobiani_Marinated Grilled Beef Slices
닭꼬치구이 Dakkkochigui_Chicken Skewers
대창구이 Daechanggui_Grilled Beef Large Intestine
대패삼겹살 Daepaesamgyeopsal_Grilled Thin-sliced Pork Belly
대하구이 Daehagui_Grilled Prawn
대합구이 Daehapgui_Grilled Hard Clams
더덕구이 Deodeokgui_Grilled Deodeok
도루묵구이 Dorumukgui_Grilled Sailfin Sandfish
도리뱅뱅 Doribaengbaeng_Spicy Braised Freshwater Sprats
도미구이 Domigui_Grilled Sea Bream
돼지갈비구이 Dwaejigalbigui_Grilled Spareribs
돼지막창구이 Dwaejimakchanggui_Grilled Pork Intestine
등갈비구이 Deunggalbigui_Grilled Back Ribs
등심구이 Deungsimgui_Grilled Sirloin
떡갈비 Tteokgalbi_Grilled Short Rib Patties
막창구이 Makchanggui_Grilled Beef Reed Tripe

매운족발 Maeunjokbal_Spicy Braised Pigs' Feet
모던불고기 Modern Bulgogi_Modern Bulgogi
바싹불고기 Bassakbulgogi_Thin-sliced Bulgogi
병어구이 Beongeogui_Grilled Pomfret
보리굴비 Borigulbi_Barley-aged Dried Yellow Corvina
복불고기 Bokbulgogi_Puffer Fish Bulgogi
북어구이 Bugeogui_Grilled Dried Pollack
불고기 Bulgogi_Bulgogi
삼겹살 Samgyeopsal_Grilled Pork Belly
삼치구이 Samchigui_Grilled Spotted Mackerel
새우구이 Saeugui_Grilled Shrimp
생선구이 Saengseongui_Grilled Fish
석쇠돼지불고기 Seoksoedwaejibulgogi_Grilled Pork Bulgogi
소갈비구이 Sogalbigui_Grilled Beef Ribs
소고기구이 Sogogigui_Grilled Beef
소고기편채 Sogogipyeonchae_Sliced Beef with Vegetables
소곱창구이 Sogopchanggui_Grilled Beef Small Intestine
솥뚜껑삼겹살 Sotttukkeongsamgyeopsal_Caldron Lid-grilled Pork Belly
숯불닭갈비 Sutbuldakgalbi_Spicy Charcoal-grilled Chicken
양곱창구이 Yanggopchanggui_Grilled Beef Tripe
양념갈비 Yangnyeomgalb_Marinated Grilled Beef or Pork Ribs
양념장어구이 Yangnyeomjangeogui_Grilled Seasoned Eel
언양불고기 Eonyangbulgogi_Eonyang Bulgogi
오리구이 Origui_Grilled Duck
오리로스 Oriros_Grilled Duck
오리불고기 Oribulgogi_Duck Bulgogi
오징어구이 Ojingeogui_Grilled Squid
오징어불고기 Ojiongeobulgogi_Squid Bulgogi
옥돔구이 Grilled Okdom_Grilled Red Tilefish
은어구이 Euneogui_Grilled Sweetfish
임연수구이 Imyeonsugui_Grilled Greenling Fish C
장어구이 Jangeogui_Grilled Eel
장작구이통닭 Jangjakguitongdak_Wood-grilled Chicken
전복구이 Jeonbokgui_Grilled Abalone
전어구이 Jeoneogui_Grilled Gizzard Shad
조개구이 Jogaegui_Grilled Clams
차돌박이구이 Chadolbagigui_Grilled Beef Brisket
코다리구이 Kodarigui_Grilled Half-dried Pollack
황태구이 Hwangtaegui_Grilled Dried Pollack
훈제오리 Hunjeori_Smoked Duck
LA갈비 LA-galbi_Marinated Grilled Ribs

장 JANG

간장 Ganjang_Soy Sauce
고추장 Gochujang_Red Chili Paste
된장 Doenjang_Soybean Paste
막장 Makjang_Fermented Soybean Paste with Red Chili Powder
볶음고추장 Bokkeumgochujang_Stir-fried Red Chili Paste
쌈장 Ssamjang_Red Chili and Soybean Paste
초간장 Choganjang_Vinegar Soy Sauce
초고추장 Chogochujang_Sweet and Sour Red Chili Paste

장아찌 JANGAJJI

가죽장아찌 Gajukjangajji_Pickled Red Toon Shoot
간장게장 Ganjanggejang_Soy Sauce Marinated Crab
고추장아찌 Gochujangajji_Pickled Chili Peppers
김장아찌 Gimjangajji_Pickled Laver
깻잎지 Kkaennipji_Pickled Perilla Leaf
노각장아찌 Nogakjangajji_Pickled Yellow Cucumber
더덕장아찌 Deodeokjangajji_Pickled Deodeok
두릅장아찌 Dureupjangajji_Pickled Fastia Shoot
마늘장아찌 Maneuljangajji_Pickled Garlic
마늘종장아찌 Maneuljongjangajji_Pickled Garlic Stem
매실장아찌 Maesiljangajji_Pickled Green Plum
명이나물장아찌 Myeonginamuljangajji_Pickled Victory Onion
무말랭이장아찌 Mumallaengijangajji_Pickled Dried Radish
무장아찌 Mujangajji_Pickled Radish
새우장 Saeujang_Soy Sauce Marinated Shrimp
양념게장 Yangnyeomgejang_Spicy Marinated Crab
양파장아찌 Yangpajangajji_Pickled Onion
오이지 Oiji_Pickled Cucumber
장아찌 Jangajji_Pickled Vegetables
죽순장아찌 Juksunjangajji_Pickled Bamboo Shoot
콩잎장아찌 Kongnipjangajji_Pickled Bean Leaf

전 JEON

가자미전 Gajamijeon_Pan-fried Battered Plaice
감자전 Gamjajeon_Potato Pancake
계란말이 Gyeranmari_Rolled Omelet
고구마튀김 Gogumatwigim_Deep-fried Sweet Potatoes
고추부각 Gochubugak_Chili Pepper Chips
고추전 Gochujeon_Pan-fried Battered Chili Pepper
굴전 Guljeon_Pan-fried Battered Oyster
김말이튀김 Gimmaritwigim_Deep-fried Laver Roll
김부각 Gimbugak_Laver Chips
김치전 Kimchijeon_Kimchi Pancake
깻잎전 Kkaennipjeon_Pan-fried Battered Perilla Leaves
꼬막전 Kkomakjeon_Pan-fried Battered Cockles
녹두전 Nokdujeon_Mung Bean Pancake
다시마부각 Dasimabugak_Kelp Chips
단군신화전 Dangunsinhwajeon_Pan-fried Battered Kimchi Roll with Garlic and Beef
단호박튀김 Danhobaktwigim_Deep-fried Pumkin
동그랑땡 Donggeurangttaeng_Meat Fritter
동태전 Dongtaejeon_Pan-fried Battered Pollack Fillet
두부전 Dubujeon_Pan-fried Battered Bean Curd
메밀전병 Memiljeonbyeong_Buckwheat Crepe
모둠전 Modumjeon_Assorted Savory Pancakes
미꾸라지튀김 Mikkurajitwigim_Deep-fried Loach
미나리전 Minarijeon_Water Parsley Pancake
배추전 Baechujeon_Cabbage Pancake
버섯전 Beoseotjeon_Pan-fried Battered Mushrooms
복튀김 Boktwigim_Deep-fried Puffer Fish
부각 Bugak_Vegetable and Seaweed Chips

부추전 Buchujeon_Chive Pancake
빈대떡 Bindaetteok_Mung Bean Pancake
새우튀김 Saeutwigim_Deep-fried Shrimp
생선전 Saengseonjeon_Pan-fried Fish Fillet
수수부꾸미 Susubukkumi_Pan-fried Millet Rice Cake
애호박전 Aehobakjeon_Pan-fried Battered Zuccinni
야채튀김 Yachaetwigim_Deep-fried Vegetables
연근전 Yeongeunjeon_Pan-fried Battered Lotus Roots
오징어튀김 Ojingeotwigim_Deep-fried Squid
육전 Yukjeon_Pan-fried Battered Beef
파래전 Paraejeon_Green Laver Pancake
파전 Pajeon_Green Onion Pancake
해물부추전 Haemulbuchujeon_Seafood and Chive Pancake
해물파전 Haemulpajeon_Seafood and Green Onion Pancake
호박전 Hobakjeon_Pan-fried Battered Zucchini

젓갈 JEOTGAL

갈치젓 Galchijeot_Salted Cutlassfish
꼴뚜기젓 Kkolttugijeot_Salted Beka Squid
낙지젓 Nakjijeot_Salted Octopus
멸치젓 Myeolchijeot_Salted Anchovies
명란젓 Myeongnanjeot_Salted Pollack Roe
명태식해 Myeongtaesikhae_Salted and Fermented Pollack
새우젓 Saeujeot_Salted Shrimp
어리굴젓 Eoriguljeot_Spicy Salted Oysters
오징어젓 Ojingeojeot_Salted Squid
젓갈 Jeotgal_Salted Seafood
조개젓 Jogaejeot_Salted Clam Meat
황석어젓 Hwangseogeojeot_Salted Small Yellow Croaker

회HOE

강어회 Gangeohoe_Sliced Raw Leather Carp
과메기 Gwamegi_Half-dried Saury
광어회 Gwangeohoe_Sliced Raw Flatfish
두부삼합 Dubusamhap_Bean Curd, Pork, and Aged Kimchi Combo
모둠회 Modumhoe_Assorted Sliced Raw Fish
문어삼합 Muneosamhap_Octopus, Skate, and Pork Combo
문어숙회 Muneosukhoe_Parboiled Octopus
물회 Mulhoe_Cold Raw Fish Soup
민어회 Mineohoe_Sliced Raw Croaker
산낙지 Sannakji_Live Octopus
생선회 Saengseonhoe_Sliced Raw Fish
송어회 Songeohoe_Sliced RawTrout
오징어물회 Ojingeomulhoe_Cold Raw Squid Soup
육회 Yukhoe_Beef Tartare
자리물회 Jarimulhoe_Cold Raw Pearl-spot Chromis Soup
전어무침 Jeoneomuchim_Gizzard Shad Salad
전어회 Jeoneohoe_Sliced Raw Gizzard Shad
한치물회 Hanchimulhoe_Cold Raw Swordtip Squid Soup
한치회무침 Hanchihoemuchim_Sliced Raw Swordtip Squid Salad
홍어회무침 Hongeohoemuchim_Sliced Raw Skate Salad

회무침 Hoemuchim_Spicy Raw Fish Salad

김치 KIMCHI

갓김치 Gatkimchi_Leaf Mustard Kimchi
겉절이 Geotjeori_Fresh Kimchi
고들빼기김치 Godeulppaegikimchi_Bitter Lettuce Kimchi
깍두기 Kkakdugi_Diced Radish Kimchi
깻잎김치 Kkaennipkimchi_Perilla Leaf Kimchi
나박김치 Nabakkimchi_Water Kimchi
돌나물물김치 Dolnamulmulkimchi_Stringy stonecrop Water Kimchi
돌미나리물김치 Dolminarimulkimchi_Wild Parsley Water Kimchi
동치미 Dongchimi_Radish Water Kimchi
배추겉절이 Baechugeotjeori_Fresh Cabbage Kimchi
배추김치 Baechukimchi_Kimchi
백김치 Baekkimchi_White Kimchi
보쌈김치 Bossamkimchi_Wrapped Kimchi
봄동겉절이 Bomdonggeotjeori_Fresh Winter Cabbage Kimchi
부추김치 Buchukimchi_Chive Kimchi
섞박지 Seokbakji_Radish and Cabbage Kimchi
열무김치 Yeolmukimchi_Young Summer Radish Kimchi
열무얼갈이김치 Yeolmueolgarikimchi_Young Summer Radish and Winter Cabbage Kimchi
오이소박이 Oisobagi_Cucumber Kimchi
총각김치 Chonggakkimchi_Whole Radish Kimchi
파김치 Pakimchi_Green Onion Kimchi
포기김치 Pogikimchi_Kimchi

만두 MANDU

갈비만두 Galbimandu_Pork Rib Dumpling
고기만두 Gogimandu_Meat Dumpling
군만두 Gunmandu_Pan-fried Dumpling
김치만두 Kimchimandu_Kimchi Dumpling
떡만둣국 Tteongmandutguk_Sliced Rice Cake and Dumpling Soup
만두 Mandu_Dumplings
만둣국 Mandutguk_Dumpling Soup
물만두 Mulmandu_Boiled Dumpling
송어만두 Songeomandu_Trout Dumpling
왕만두 Wangmandu_Jumbo Sized Dumpling
채만두 Chaemandu_Buckwheat Dumpling

떡 TTEOK

가래떡 Garaetteok_Rice Cake Stick
감자떡 Gamjatteok_Potato Cake
경단 Gyeongdan_Sweet Rice Balls
깨경단 Kkaegyeongdan_Sesame Sweet Rice Balls
꿀떡 Kkultteok_Honey-filled Rice Cake
녹두시루떡 Nokdusirutteok_Mung Bean Steamed Rice Cake
무지개떡 Mujigaetteok_Rainbow Rice Cake
백설기 Baekseolgi_Snow White Rice Cake
송편 Songpyeon_Half-moon Rice Cake
수수팥떡 Susupatteok_Red-bean-coated Millet Rice Cake
시루떡 Sirutteok_Steamed Rice Cake

쑥떡 Ssuktteok_Mugwort Rice Cake
약식 Yaksik_Sweet Rice with Nuts and Jujubes
인절미 Injeolmi_Bean-powder-coated Rice Cake
절편 Jeolpyeon_Patterned Rice Cake
증편 Jeungpyeon_Raised Rice Cake
찹쌀떡 Chapssaltteok_Sweet Rice Cake with Red Bean Filling
호떡 Hotteok_Syrup-filled Pancake
화전 Hwajeon_Pan-fried Flower Rice Cake

한과 HANGWA

감말랭이 Gammallaengi_Dried Persimmon
강정 Gangjeong_Sweet Rice Puffs
곶감 Gotgam_Dried Whole Persimmon
다식 Dasik_Tea Confectionery
도라지정과 Dorajijeonggwa_Briased Bellflower Root in Sweet Sauce
매작과 Maejakgwa_Fried Twist
산자 Sanja_Fried Rice Squares
송화다식 Songhwadasik_Pine Flower Powder Tea Confectionery
수삼정과 Susamjeonggwa_Briased Ginseng in Sweet Sauce
약과 Yakgwa_Honey Cookie
흑임자다식 Heugimjadasik_Black Sesame Tea Confectionery

음청류 EUMCHEONG-RYU

구기자차 Gugijacha_Wolfberry Tea
녹차 Nokcha_Green Tea
단호박식혜 Danhobaksikhye_Pumpkin Sweet Rice Punch
대추차 Daechucha_Jujube Tea
막걸리 Makgeolli_Unrefined Rice Wine
매실차 Maesilcha_Green Plum Tea
모과차 Mogwacha_Quince Tea
미숫가루 Misutgaru_Roasted Grain Powder
생강차 Saenggangcha_Ginger Tea
수정과 Sujeonggwa_Cinnamon Punch
식혜 Sikhye_Sweet Rice Punch
쌍화차 Ssanghwacha_Medicinal Herb Tea
오미자화채 Omijahwachae_Omija Punch
유자차 Yujacha_Citrus Tea
유자화채 Yujahwachae_Citrus Punch
인삼차 Insamcha_Ginseng Tea
팥빙수 Patbingsu_Shaved Ice with Red Bean Topping

자료 : 한식진흥원http://www.hansik.or.kr/kr/board/dn/list/017?menuId=56&acode=GNB_hasik_notation 발췌

참고문헌

BIBLIOGRAPHY

규합총서(1997) 빙허각이씨 / 정양완 옮김 보진재

김치백서 CD ROM(한글판 / 2000) 정재홍 올비스미디어

김치(빛깔있는 책들)(2003) 이춘자 대원사

남도전통음식(2000) 이연채 다지리

손맛 밴 우리 음식 이야기(2002) 조정강 웅진닷컴

전통 한국음식(2005) 김명희 광문각

조선왕조 궁중음식(2004) 김상보 수학사

우리 고유의 상차림(2005) 신승미 외 교문사

우리가 정말 알아야 할 우리음식 백가지 1 · 2권(1999) 한복진 현암사

한과와 음청류(2003) 정재홍 형설출판사

한국의 떡(2003) 정재홍 형설출판사

한국의 맛(1987) 강인희 대한교과서

한국음식대관 제2권 주식 · 양념 · 고명 · 찬물(1998) 한국문화재보호재단 · 한림출판

한국전통음식(2000) 전희정, 이효지, 한영실 문화관광부

향토음식(2007) 정낙원, 차경희 교문사

팔도음식(1989) 한복진 대원사

농촌진흥청 농업기술센터 www2.rda.go.kr/food/korean/main_total.htm

전통향토음식연구원 http://www.koreafoods.net

한국관광공사 http://www.visitkorea.or.kr

한식재단 http://www.hansik.org

아름다운 우리 **향토음식**

초판 1쇄 인쇄 / 2022년 9월 2일
초판 1쇄 발행 / 2022년 9월 9일

공저 정재홍 · 김태순 · 김형렬 · 박인수 · 유진현 · 이진택 · 최덕주
발행처 형설출판사
경기도 파주시 회동길 37-23 · 전화 (031) 955-2361～4 · 팩시밀리 (031) 955-2341
발행인 장진혁
등록 라-제9호 · 1962년 5월 1일
홈페이지 http://www.hyungseul.co.kr
e-mail hs@hyungseul.co.kr

정가 29,000원

ISBN 978-89-472-8621-3 93590

아름다운 우리

향토음식